로드
온더
로드

LORD
ON
THE
ROAD

로드
온더
로드

서종현 선교사
여행 묵상집

LORD ON THE ROAD

ⓒ 서종현

초판 1쇄 인쇄 | 2018년 12월 1일
초판 1쇄 발행 | 2018년 12월 10일

지은이 | 서종현
발행인 | 강영란

편집 | 김지혜, 권지연
디자인 | 노영현
마케팅 및 경영지원 | 이진호
펴낸곳 | 도서출판 샘솟는기쁨

주소 | 서울시 충무로 3가 59-9 예림빌딩 402호
전화 | 경영지원부 (02)517-2045
팩스 | (02)517-5125(주문)

이메일 | atfeel@hanmail.net
홈페이지 | www.vivi2.net
출판등록 | 2006년 7월 8일
ISBN   979-11-89303-12-9 03210

「이 도서의 국립중앙도서관 출판예정도서목록(CIP)은 서지정보유통지원시스템
홈페이지(http://seoji.nl.go.kr)와 국가자료공동목록시스템(http://www.nl.go.kr/
kolisnet)에서 이용하실 수 있습니다.(CIP제어번호: CIP2018038576)」

로드
온더
로드

LORD
ON
THE
ROAD

글 사진
서종현

샘솟는
기쁨

?

66
99

세상 순례의 나침반이 되는 책

구미정 | 숭실대학교 기독교학과 초빙교수,
기독교 인문교양 계간지 〈이제 여기 너머〉 편집인

들으라, 빛의 말

서종현 선교사가 또 책을 냈다. '또'에 방점을 찍어야 한다. 모름지기 힙합가수가 음반을 또 냈다면 놀랄 일이 아니다. 책은 다르다. 게다가 앞으로도 줄줄이 나올 공산이 크다면 이야기가 달라진다. 그에게는 할 말이 많은 것이다.

그를 한 번 본 사람은 누구나 직감한다. 아무나 시킨다고 해서 고분고분 말을 들을 사람이 아니라는 사실을. 도대체 누가 감히 그의 삶의 고삐를 단단히 틀어쥘 수 있단 말인가. 그를 '종'처럼 자유자재로 부리려면 얼마나 크고 강해야 하는가.

하여 지금 세상에 대고 부지런히 말 걸기를 시도하는 '미스터 탁' 서종현은 존재 자체가 곧 크고 강하신 분의 증거라 말해야 한다. 어둠이 빛을 만나면 무슨 일이 벌어지는지를 단박에 '탁' 보여주는 생생한 표본이다.

Lord
on the
Road

"빛은 어둠을 몰아낸다. 빛이 등장하면 어둠은 성실하게 자신이 차지했던 것을 빛에게 돌려주어야 한다."(59쪽) 세상에서 무서울 것 없던 그가 임자 한 번 제대로 만났다. 이렇게 거룩한 영에 사로잡히면 어쩔 도리가 없다. 자기 삶의 운전대를 얌전히 내어주는 수밖에. 그러니까 그의 말은 더 이상 그 자신의 말이 아니다. "홀연히 하늘로부터 급하고 강한 바람"(사도행전 2:2)같이 임하는 성령을 무슨 수로 막아낸단 말인가.

기억하라, 호모 비아토르

이번 책은 여행 묵상집이다. 자그마치 마흔다섯 나라를 돌아다녔단다. 심지어 '사서 고생'의 대명사인 배낭여행이라니. 그의 등을 떠민 주체는 물론 성령이었으리라.

그렇지 않고서야 섭씨 40도가 웃도는 라오스의 무더위 속을 에어컨은커녕 창문조차 잘 열리지 않는 버스를 타고 비포장도로를 하염없이 달릴 이유가 없지 않은가. 급기야 현지소녀가 속엣것을 게우기 시작한다. 그 찰나, '여호와 이레'인 듯 누군가 소녀 입에 비닐봉지를 가져다 댄다. 완전 할렐루야다.

이 '누군가'가 바로 이방인 여행자 서종현 자신이라는 데 이 책의 진가가 있다. 다시 말해 그의 여행은 '관광'이 아니라 '순례'다. 그에게 여행은 외부인이 내부인, 곧 현지인의 삶을 관찰하는 수준에 그치지 않는다. 기꺼이 현지인의 삶 속 들어가 그들과 하나가 되기를 마다하지 않는다. '선교사'라는 자신의 정체에 충실하게 이 대목에서 그는 선교학의 기본원리인 '상황화'(contextualization)를 떠올린다. 그리고 하나님이 인간이 되신 사건, 곧 기독교의 중심고백인 '성육신'(incarnation) 신앙의 알짬 역시 다르지 않다고 강변한다.

이쯤 되면 지구 위의 얼마나 많은 곳을 다녀봤냐는 질문은 무의미할 테다. 그보다 인간의 존재론 자체가 '호모 비아토르'(*Homo viator*), 곧 우리 각자가 '천국 여행자'라는 사실을 기억하는 게 더 중요하다. 이 기억이야말로 우리가 여행 도중에 길을 잃지 않도록 도와주는 나침반이 된다. '본향'인 하늘나라에서 여행을 왔으되, '왔노라, 보았노라, 가노라'에서 그치는 관광객이 아닌 '보내서 왔노라, 뜨겁게 살고 사랑했노라, 기쁘게 돌아가노라' 고백하는 순례자로 살게 하는 나침반 말이다.

단언컨대 이 책은 그 나침반의 역할을 감당하기에 손색이 없다. 그가 다녀온 마흔다섯 나라 가운데 스물두 나라 이야기가 실렸다. 래퍼의 글쓰기답게 필력이 예사롭지 않다. 미지의 세계로 독자를 순간이동시키는 능력이 탁월하다. 자신의 눈에 포획된 모든 풍경 속에서 창조의 신비와 복음의 은총을 읽어내는 능력은 더 말해 무엇하랴. "불고 싶은 대로 부는"(요한복음 3:8) 성령의 바람이 다음에는 그를 또 어디로 데려가려나. 앞서거나 뒤서거니 같은 시대를 통과하면서 이렇게 특별한 '아티스트-선교사'(Artist-Missionary)를 만난 것도 복이다.

22개국에서 만난 창조주의 세상

선교사 파송예배가 있었던 2010년의 일이다. 너도나도 훈수를 두었다. 내가 다니던 교회의 청년부 목사는 기름진 스테이크를 사 주면서 파송예배를 회유했다. 그 회유는 내가 받은 담백한 부르심과는 달리 느끼해서 피클을 입속으로 밀어 넣어야 했다.

"선교사가 찢어진 청바지는 곤란해. 문신은 지웠어? 선교사가 되려면 똑바로 걸어야지, 너 머리스타일이 선교사라기에는 공격적이다. 말할 때 왜 그렇게 건들거리는 거야? 힙합을 해서 그런가?"

이해할 수 없었다. 선교사가 되겠다는 것은 창조주 하나님의 창조력을 찬양하며 전하겠다는 뜻인데, 왜 나는 창조력을 잃고 옆 교회 목사와 똑같기를 강요받는 거지? 그들의 하나님은 무미건조하게 똑같은 모습으로 사람을 찍어내는 공장장 같았다. 과연 그럴까? 고민이 깊었던 나날이었다. 하나님이 만드신 세상은 다 똑같은 모습일까? 뭔가 툭 하고 튀어나와 보이는 나는 정말 불량품인 걸까? 궁금해서 견딜 수 없었다.

정신과 병력으로 공익근무요원을 지냈다. 군복무가 끝나던 날 어머니께서는 배낭과 워커를 선물하셨다. 그 배낭을 메고 떠났다. 그렇게 만난 하나님의 창조세계는 돌잡이 아기의 색동저고리처럼 다채로웠고, 뉘엿뉘엿 지는 해를 보는 노인의 그윽하고 주름진 눈처럼 영롱했다.

세상은 동이 터오는 찰나 환희로 가득 찼다가 오후에 온갖 저급한 것을 쏟아 내었고, 다시 밤이 되면 한 번도 죄지은 일이 없는 듯 고요하게 숨을 죽였다. 어떤 것은 죽어갔고 어떤 것은 살아갔다.

피골이 상접한 물소가 거칠게 마지막 숨을 몰아쉴 때 곁을 지킨 일이 있었다. 그 눈을 보기가 고달파 고개를 떨구었는데 꽃 한 송이가 보였다. 민들레였다. 물소의 죽음이 이루어지는 땅이 노란 생명을 피워냈다. 미물인 흙 따위가 물소와 민들레의 손을 부여잡고 살아서 움직였다.

미물은 인간에게나 미물이지 주님에게는 생명이라는 사실을 깨달았다. 주님은 흙을 흙으로 창조하시고 꽃은 꽃으로 창조하셨다. 그 둘은 분리될 수 없고 함께 있어야 생명의 의미를 이루었다. 흙 없는 꽃이 없기에 흙은 흙이어야 하고 꽃은 꽃이어야 한다. 창조된 모습 그대로일 때 생명의 일원이 되는 것이다.

여행을 통해 나는 누군가와 같을 수 없고, 같아서도 안 된다는 것을 배웠다. 주님은 내가 온전히 나이기를 바라신다.

산이 물을 넘고 물이 산을 건너면 천재지변이다. 자연의 일부인 인간이 창조주 하나님께서 창조한 그 모습을 넘거나 건넌다면 그

Lord
on the
Road

또한 천재지변이다. 세속은 '나'를 잃도록 안내하고 남과 같은 '나'가 되라고 강요한다. 그런 로봇 같은 내가 낯설어 거울을 보며 '나는 누구인가?'라는 질문을 하게 된다.

'나는 누구인가?'라는 로봇 고민으로 아무런 감동을 찾을 수 없는 누군가에게 이 책은 다른 질문을 선사할 것이다. 저자가 선물하고 싶은 질문은 바로 '주는 누구인가?'이다. 덧셈과 곱하기가 있을 때 곱하기를 먼저 해야 올바른 답이 나오듯이 내가 누구인지 알기 위해 창조주 하나님을 알아야 한다. 이 여행은 나를 찾는 여행이 아니라 창조주 하나님을 찾는 여행이었다.

45개국 여행지 중 22개국만 추렸다. 나머지 23개국 여행 묵상집 『로드 온더 로드』 2권 '저자의 말'에서 다시 뵙기를 바라며 줄인다.

_ 저자 서종현 선교사

주께서 주신 삶을 함께 여행하는

나의 동지, 나의 둥지

아내에게 이 책을 드립니다.

Lord
on the
Road

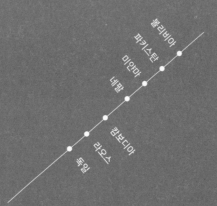

그러고 보니
소금은 흰색이었다

!

볼리비아
[Bolivia]

볼리비아 수도 라파스에 있을 때의 일이다. 숙소 근처 식당에 아침을 먹으러 갔다가 청천벽력 같은 뉴스를 접하게 되었다.

사람들이 텔레비전에 모여 탄식하듯 대화를 나누기에 들여다보니, 근접 국가인 칠레에서 규모 8.3의 강진이 일어나 수도인 산티아고의 공항이 폐쇄되었고, 볼리비아와 페루는 물론 몇 백 km나 떨어진 아르헨티나에서도 지진을 감지했다는 보도였다.

중남미 해안은 물론 태평양을 건너 일본과 하와이에도 쓰나미 주의보가 발령되었으니 당시의 지진 강도가 얼마나 강했는지 누구라도 생각해 볼 수 있는 부분이다. 텔레비전에서는 칠레 지진에 대해

!

볼리비아는 주의를 요해야 한다는 보도가 이어지고 있었다.

하루아침에 덩그러니 지진의 위협이 도사리는 타국에 있게 되었다. 지진이라는 것이 한 번 일어나면 쉽게 잠잠해지는 것이 아니라 근방에서 연쇄적으로 이어지기 때문에 진원지의 인접국에 있다는 사실이 걱정이 되었다.

뉴스앵커의 스페인어 뉴스를 영어로 옮겨주던 호텔보이는 뉴스가 끝나자 내게 말했다. 그의 말 중에 'Ring of Fire'를 해석하면 '불의 고리'였다. 언제 화산 폭발과 대지진이 일어나도 이상하지 않은 지역을 말하는 것이다.

아시아가 원편에 있는 세계 전도를 펴놓고 일본의 동해에서 미대륙의 서해안을 따라 시계 방향으로 선을 그리면 고리 하나가 생긴다. 그 고리가 바로 불의 고리다. 지진으로 인해 방사능유출사고를 일으켰던 일본 후쿠시마도 이 고리에 속하는 지역이다. 마찬가지로 2016년 상반기에 있었던 남미 에콰도르와 일본 규슈의 지진도 이 불의 고리에 속한다.

한국에서 뉴스를 접한 아내는 전화를 걸어 걱정을 하기에 칠레의 진원지와 상당히 먼 곳에 있다고 둘러대었지만 '혹시 뱃속에 있는 아이도 보지 못하고 주님 곁으로 가는 것은 아닐까?'라고 하지 않아도 될 상상을 하면서 불안감에 시달렸다. 저녁이 되자 규모 8.3의 강진 후 다시 규모 6.4와 규모 6.2의 두 차례 여진이 있었다는 보도가 이어졌다.

텔레비전에서는 칠레 지진에 대해 볼리비아는 주의를 요해야 한다는 보도가 이어지고 있었다.
하루아침에 덩그러니 지진의 위협이 도사리는 타국에 있게 되었다.

나는 지진 진원지에서 좀 더 떨어져 있고 싶어서 며칠 뒤에 가기로 했던 우유니소금사막 여행을 서둘렀다. 해안에서 내륙으로 버스를 타고 14시간을 달려야 하는 거리였고, 알려진 대로 우유니소금사막은 여행자들 사이에서는 꿈의 코스였다. 당시의 내 상황은 꿈꿀 상황이 아니었지만 드디어 우유니소금사막에 간다는 사실이 나를 무척 설레게 했다.

　터미널에서 우유니사막 행 세미까마버스 티켓을 구입했다. 세미까마란 말 그대로 반(半)침대좌석이다. 한국의 일반버스를 말하는 것인데 좌석이 뒤로 많이 젖혀지는 버스를 말한다. 표를 끊고 14시간의 운행을 기다리는데 함께 대기하던 영국인 여자가 정말 깜짝 놀랄 이야기를 해주었다. 불과 몇 주 전에 우유니로 가던 버스 한 대가 절벽 아래로 추락하여 35명이 즉사했다는 내용이었다.

　지진 뉴스와 함께 들린 추락사 소식은 마치 드럼 칠 때 킥과 스네어처럼 쿵짝이 잘 맞는 공포였다. 왠지 안전에 대한 욕구가 강해진 나는 돈을 더 주고 까마버스 승차표로 바꾸었다. 까마버스는 완전한 침대버스이자 세미까마버스에 비하면 고급이었다. 까마버스에서 대기하면서 앞서 출발하는 세미까마버스를 창밖으로 지켜보았다.

　'저거 고장이라도 나면 어쩌나?'

　잠시 아까 그 영국 여자를 떠올렸지만, 침대좌석에 누워 까마버스에서 할당된 담요를 덮고 느끼는 안락함이 좋았다. 그러나 버스는 어둠이 내린 라파스를 빠져나가고 있었고, 차창에 비친 내 모습은 담요 속에 반쯤 얼굴을 숨긴 채 어쩐지 불안해보였다.

버스는 금세 중앙선도 없는 허술한 고속도로에 진입했다. 얼마나 달렸을까? 스르르 잠이 들려는 찰나 큰 충격이 전해졌다. 쾅! 나는 봉인해두었던 육두문자를 내지르며 그 작은 담요 안으로 커다란 머리를 숨겼다. 오만 가지 국적의 버스 안 사람들은 자신의 언어로 비명을 질러댔다. 몇 차례나 더 쾅! 쾅! 쾅! 소리와 함께 충격이 전해졌고, 두려움이 주마등처럼 지나갔다.

'세상에. 내가 지진 때문에 죽게 될 줄이야.'

그러나 잠시 후 운전기사가 기어를 마구 휘저으며 열을 내고 있었다. 지진이 아니라 버스 고장이었다. 승객들은 모두 버스에서 내려야 했다. 중앙선도 그려 있지 않은 개발도상국의 고속도로 한복판이었다. 한참 기다렸을 것이다. 버스회사가 보낸 다른 버스로 무사히 우유니소금사막에 도착할 수 있었다. 길고긴 낭떠러지 길을 지날 때는 오금이 저렸지만 말이다.

우유니소금사막, 지진으로 해발 3,600m까지 솟구친 바다에 시간이 흐르면서 바닷물이 증발하자 소금만 남게 되었고, 그것이 소금사막이 되었다. 말하자면 안데스산맥의 지각을 움직이고 운영하신 하나님의 염전이었다.

눈을 뜰 수 없을 정도로 새하얀 소금이 펼쳐진 우유니소금사막은 사진보다 훨씬 아름다웠다. 마치 녹지 않는 눈이 지천으로 깔린 듯했다. 세상천지가 온통 흰색 소금이었다. 이 아름다운 흰색들이 소

아, '세상의 소금이 되라'는 말씀은 소금처럼 세상에 뿌려지고 녹아서 간을 내되
자신의 색을 드러내면 안 된다는 말씀이었다.

금이라는 사실이 믿어지지 않았던 나는 맛을 보았다.

혀끝에 닿은 소금은 처음에는 시큼했지만 쩝쩝 입맛을 다시자 이내 입속으로 짠내가 배어들어왔다. 맛은 분명 소금인데 풍경은 설경 같으니 기묘하고 아름다웠다.

"세상의 소금이 되라."

주님의 이 말씀을 접할 때면 소금으로 음식에 간을 하듯 세상에 꼭 필요한 복음의 사람이 되라는 말씀으로만 알았지 소금처럼 아름다워지라는 의미로 다가오지 않았다. 그러나 우유니소금사막만큼은 '소금이 되라'는 주님의 말씀이 곧 아름다워지라는 의미로 다가왔다.

선글라스를 쓰지 않고는 눈을 뜰 수 없을 만큼 아름다운 흰색 광야가 끝없이 이어졌다. 멀리 보이는 파란색 하늘과 흰색 사막의 만남을 무엇이라 불러야 할지 설명할 길이 없었다. 그것은 하늘과 땅이 만나는 지평선인가? 소금사막은 바다가 말라버린 것이니 하늘과 바다의 만남인 수평선인가?

끝없는 흰색 사막이었다. 소금, 이토록 하얗다니. 지프차를 타고 광활한 소금사막을 달리는 동안 생각에 잠기었다. 뚜렷하게 인식하지 못했는데 그러고 보니 소금은 흰색이었다! 그동안 소금을 구태여 색으로 인식하지 않았던 이유는 소금이 자기 색을 주장하지 않았기 때문이다.

간장은 검은색이고 된장은 갈색이고 고추장은 붉은 색이다. 음식을 만들 때 모두 자신의 색을 드러낸다. 그런데 소금만은 자기 색을 드러내지 않는다. 간장이며 된장이며 고추장이며 모두 소금 없이는 만들 수 없는 장들이지만 이들 속에서도 소금은 자기 색을 주장하지 않는다.

소금이 자기 색을 드러낸다면 음식은 엉망이 될 것이다. 흰색이 드러날 만큼 소금을 넣은 김치찌개를 생각해보라. 정말 끔찍할 것이다. 소금이 들어가는 음식 중에서 소금의 흰색이 드러나는 경우는 없다. 곰탕이나 설렁탕도 흰색이 아니다. 소금은 자신을 드러내지 않고 소금의 역할을 해내기 때문에 우리는 소금을 색으로 인식하지 못한다.

아, '세상의 소금이 되라'는 주님의 말씀은 소금처럼 세상에 뿌려지고 녹아서 간을 내되 자신의 색을 드러내서는 안 된다는 말씀이었다. 진정 그리스도인의 아름다움은 자신의 이름이 아닌, 복음으로 세상을 살리는 소금 같은 아름다움이었다. 하늘에서 쏟아지는 강렬한 햇빛과 그 빛을 반사하는 흰색 소금의 빛이 어우러진 가운데 내가 받은 깨달음의 은혜는 무척 강렬했다.

우유니소금사막을 다녀온 사람들은 그 풍경을 잊지 못한다고 했다. 그러나 나는 그 풍경보다 그곳에서 깨달은 은혜를 잊지 못한다. 이제는 그곳에서 내게 주신 주님의 말씀을 따라 소금처럼 살고 싶다.

영혼의 가슴에 복음을 전하고 그 가슴에 녹아 없어지면 그만인 것을, 나는 어찌나 나를 드러내려고 애를 쓰며 살았는지 마치 복

!

음이 내 것인 양 나를 지껄인 순간들이 부끄러웠다. 주님은 겸손한 소금이 되라고 나를 설교자로 세워 주셨는데 그렇게 세워진 설교단 위에서 나 자신의 색을 설파하여 나의 색에 동화되도록 선동하곤 했다. 설교 안에서 드러나는 나의 자아는 주님의 복음을 가리기도 했다.

나는 죽고 예수로 살고자 했으나 나의 자아는 번번이 다시 고개를 들고 일어나 회중들 앞에서 교만의 색을 드러냈다. 설교자의 그같은 추태는 지진처럼 위험해서 성도들의 마음을 이리저리 어지럽게 들쑤시기만 한다. 나는 겸손한 소금이고 싶다. 복음의 맛을 내고 사라지는 아름다운 소금이고 싶다.

기필코 그 길을 지나
천국에 닿아야 한다

!

파키스탄
[Pakistan]

라호르는 파키스탄 북동부 펀자브주에 위치한 기독교 테러우범 도
시였다. 2015년 3월 15일에는 기독교인 밀집 지역인 라호르의 요한
나바드에서 기독교를 공격하는 테러로 인해 100여 명의 사상자가 발
생했고, 2016년 3월 28일에도 기독교의 부활절을 이유로 라호르 어
린이공원에서 자살 폭탄테러가 일어나서 70여 명이 목숨을 잃었다.

우리가 도착하자마자 게스트하우스의 주인장은 거리에 나가지
말 것과 근처에 있는 미국 기업에 출입하지 말 것을 당부했다. 어쩔
수 없이 교통혼잡으로 체류하게 된 라호르가 테러우범 지역이라는
사실을 알려준 것도 주인장이었다.

!

길거리에는 무장한 경찰들과 생김새만으로도 긴장하게 하는 군인들이 육중한 기관총을 들고 삼엄한 경계를 하고 있었다. 움푹 파여 그늘진 무슬림들의 두 눈 사이로 강직하게 솟은 콧대가 상당히 위협적으로 느껴졌다.

시아파 무슬림과 수니파 무슬림 간의 전쟁 그리고 테러조직들의 기독교에 대한 탄압으로 인해 이 지역은 언제든지 사건이 터져도 이상하지 않았다. 라호르를 방문했던 여행자의 수기를 보면 보도되는 사건들 외에도 크고 작은 사건들이 많으며 간밤에 총소리가 들리기도 한다고 했다.

하필 내가 라호르에 체류 중일 때 부활절을 앞두고 있어서 이 지역의 긴장감은 고조되어 있었다. 무장경찰들은 외국인인 나를 못마땅하게 예의 주시했는데, 그들이 몸을 움직일 때마다 철컥철컥거리는 군장비 소리가 당장이라도 폭탄테러를 일으킬 듯해 나를 긴장하게 만들었다.

탕! 탕! 탕! 도착한 지 만 하루가 채 지나지 않아 창밖에서 마구 총성이 들렸다. 이어서 알아들을 수 없는 언어로 몇 차례의 고함이 오가더니 다시 거리는 조용해졌다.

이 시간이 안전하게 지나기를 바랐지만 막상 총소리가 들리니까 빨리 이 도시를 떠나고 싶다는 생각이 강해졌다. 난생 처음 접한 테러 현장에서 어쩔 줄 몰라 하는 나에게 게스트하우스 주인장 후세인은 차 한 잔을 건네었다.

"진정해."

후세인은 꽤 박식한 인상이었는데 내게 차를 가져다주면서도 손에서는 책을 떼지 못하는 인물이었다. 숙소 사무실의 한 벽면이 서재였고 책으로 가득 차 있었다.

"이봐, 진정해. 한국 사람이 뭘 그렇게 놀래?"

"한국 사람인 거랑 무슨 상관이야?"

"니네 나라는 전쟁 중이잖아. 전쟁통에서 온 사람이 뭘 총소리에 놀라나?"

그것과 이것과는 다르다고 설명하기에는 내 영어가 짧아서 놀란 가슴으로 입술을 버벅거리다가 설명을 포기하고 근처 버스터미널이 어디인지를 물었다. 그는 동네 지도를 가져와서 터미널 위치를 표시해 주었고, 나는 내일 아침에 날이 밝는 대로 떠나겠다고 일러두었다. 풀어 놓았던 짐들을 다시 배낭에 구겨 넣는 내게 후세인이 다가오더니 태연하게 말했다.

"라호르를 빠져 나간다고 안전한 건 아니야."

창으로 새어 들어온 가로등의 주황색 불빛이 후세인의 이마에서 부서졌다. 그러자 그가 창밖의 테러범들과 한 편인 것만 같아서 거칠게 느껴졌다. 기다랗고 검은 손을 내 어깨에 올리고 아무 일 아니라는 듯 타이르는 그가 거북스러웠던 나는 격양된 목소리로 쏘아붙였다.

"너는 테러가 당연한 일상이 된 것 같은데?"

그러자 내 목소리가 좀 신경질적으로 들리는지 그는 책을 내려놓

"난 기독교인이야. 코란이 아니라 성경을 본다고!"
그는 돌아서며 말했다.
"넌 지금 저 밖에 테러범들이랑 나를 똑같이 보고 있어.
미안하지만 모든 무슬림이 테러리스트는 아니야."

고서 내 옆에 앉았다.

"진정해. 화나게 하려는 게 아니야. 라호르뿐만 아니라 어디나 전쟁 중이라는 말이야. 너네 나라도 전쟁 중이잖아. 사람들은 어디서나 전쟁 같은 하루하루를 살고 있어. 알라를 의지하는 수밖에 없어. 코란에 이런 말이 있지. 알라는 인내심이 강한 자와 함께 계신다."

나는 그곳이 종교분쟁 지역인 파키스탄의 라호르라는 사실도 잊고서 더욱 격양이 되어 성경에 대해 쏘아붙이듯 말했다.

"난 기독교인이야. 코란이 아니라 성경을 본다고!"

그는 돌아서며 말했다.

"넌 지금 밖에 있는 테러범들이랑 나를 똑같이 보고 있어. 미안하지만 모든 무슬림이 테러리스트는 아니야."

알 수 없는 긴장감이 맴돌자, 숙소 안은 나와 프랑스인들로 이루어진 기독교 진영과 현지인들인 무슬림 진영으로 나뉘면서 눈치를 주고받았다. 그리고 침대에 누워 뜬눈으로 동이 트기를 기다리며 생각했다. 어쩌면 후세인의 말이 옳다고 말이다.

동이 틀 무렵 나는 서둘러 숙소를 빠져나왔다. 터미널로 향하는 길에서 어제 후세인의 말이 자꾸 떠올랐다.

'어디를 가나 전쟁이야.'

5시간의 운행 끝에 파키스탄의 수도 이슬라마바드에 닿았고, 이어 파키스탄의 북부 훈자로 가는 버스를 탔다. 이슬라마바드에서 훈자까지는 버스로 30시간 거리였지만 나는 망설임 없이 버스에 올랐다. 또 테러를 피부로 느끼며 불안하게 지내고 싶지 않았기에 어서 여기 도심을 빠져나가고자 했다.

사실 내게 훈자는 어떻게 해서든 피하고 싶은 여행지였다. 테러의 위협이 없었다면 단연코 가지 않았을 것이다. 훈자는 배낭여행자들 사이에서도 악명이 높은 카라코람 하이웨이를 달려야 하는 구간이 기에 한사코 훈자만은 가지 않겠노라 말해 왔지만, 테러를 경험하고 나니 나의 몸은 그곳을 피하기 보다는 그곳으로 피하고 싶어졌다.

폐쇄적인 지형 탓에 훈자는 테러의 위험이 전혀 없는 지역이라 고 해도 무리가 없다. 이슬라마바드에서 훈자까지 가는 길은 단 250km에 불과하다. 그런데도 30시간이나 걸리는 이유는 길이 워낙 협착하고 구불구불한 산길이어서다. 게다가 버스를 지프로 갈아타 야 하는 마지막 5시간은 비포장도로 구간이다.

다시 말해서 30시간 중 25시간은 등받이가 고정인 비좁은 버스 를 타고 협착한 낭떠러지 길을 달려야 하고, 마지막 5시간은 지프를 타고 비포장된 산길을 올라야 했다.

상상해보라! 서울에서 부산까지 5시간의 길이 온통 비포장도로 라면 허리고 목이고 작살이 날 것이다. 이런 길이어서 훈자에 닿고 싶어 하는 여행객은 그리 많지 않다. 버스가 산을 오르다가 낭떠러 지로 떨어지는 경우도 있고, 앞서가던 버스가 고장이라도 나면 줄 줄이 며칠씩 방치되기도 한다.

이렇듯 진입이 쉽지 못한 고립된 지역이다 보니 훈자는 테러뿐만 아 니라 외부로부터 이입되는 대부분의 오염에 노출되지 않는다. 그래서 인지 훈자는 세계에서 제일가는 장수마을로 손꼽힌다. 그렇다고 장수 노인들을 만나려고 그 길고 험한 산행을 하려는 것은 아니다.

훈자로 가는 길이 고된 이유는 길도 멀지만 검문이 아주 많다. 대략 10회 이상의 검문을 했던 것으로 기억한다. 검문 초소에 들어가면 20kg에 육박하는 배낭을 모두 꺼내 보여야 한다. 행동이 마음에 들지 않으면 총을 장전하며 위협하는데, 처음에는 그렇게 무서울 수가 없었다.

그렇게 5회 정도 검문을 하고 나면 무장한 군인을 봐도 하품이 난다. 10회가 넘자 군인이 내 여권을 돌려주지 않고 여권에 찍힌 각국의 입국 스탬프들을 구경하고 있으면 여권을 빼앗듯이 가져오기도 했다.

사람은 적응의 동물이라는 말이 딱 맞았다. 나 스스로도 놀라웠다. 라호르의 사람들이 테러의 위험 속에서도 태연하게 일상을 사는 이유를 알 것 같았고, 대한민국의 북쪽을 향해 총부리를 겨누고 있다는 사실을 알면서도 일상적인 삶을 살 수 있는 이유도 알 것 같았다. 전쟁과 테러가 당연한 일상이 되어 버렸기 때문이다. 라호르 게스트하우스 주인장 후세인에게 했던 그 말이 마치 내게 되돌아온 것 같았다.

"넌 테러가 당연한 일상이 된 것 같은데?"

30시간의 이동 끝에 최종 목적지인 훈자에 닿았다. 훈자 마을의 풍경을 접한 나는 길고긴 강행군과 잦은 검문으로 인한 피로가 단숨에 사라지는 것을 느꼈다. 뒤로는 히말라야산맥의 설산들이 인

훈자 마을 사람들은 드넓게 펼쳐진 하늘을 닮아 있었고,
하늘과 닿아 있는 맑은 설산과 닮아 있었고,
지천으로 깔린 꽃을 닮아 있었고, 꽃에 날리는 향기를 닮아 있었다.

기 좋은 주식 그래프처럼 오르락내리락 경쾌하게 어깨를 들썩이고 있었고, 산 아래는 봄을 맞아 피어난 하얀 벚꽃들이 가까운 산 꼭대기의 하얀 눈밭과 어우러져 봄과 겨울을 동시에 보여주는 장관을 이루었다.

마을 아래로는 석회수를 머금어 신비스런 옥빛 강줄기가 뻗어 내려갔다. 그 강줄기는 도대체 어디에서 와서 깊고 깊은 산속으로 알수 없이 사라져 가는지, 훈자마을은 정말 자연이 제 스스로 점지하여 맑음을 보존하려는 마을인 것만 같았다. 6.25전쟁 때 폐쇄적인 지형 탓에 전쟁이 난 줄도 몰랐다는 어떤 섬이 있다고 들었는데 딱 이곳 훈자마을 같았을 것이다.

훈자는 아름다운 설산에 둘러싸여 파키스탄의 모든 테러와 불안으로부터 구분되어 있었다. 수도 이슬라마바드와는 사용하는 방언조차 통하지 않는 완벽한 타지였다. 약국 하나 없는 이곳 훈자마을에 체류하는 동안 노여운 울음소리를 들어보지 못했고, 성나서 싸우는 소리를 들어보지 못했다. 여가 시간에는 사람들이 함께 악기를 들고 나와서 합주를 하며 욕심이라든지 질투라든지 이런 부정적인 기류들을 가락에 흘려보내며 웃었다.

의학기술은 현대의 기대수명을 높여 놓았지만, 훈자 마을을 보면 꼭 의학기술이 수명 연장에 지대한 영향을 준다고는 생각되지 않는다. 의학의 혜택을 거의 누리지 못하는 이 마을에서는 120세를 넘긴 노인을 보는 것도 어려운 일이 아니었다. 90세가 넘은 노인들이 밭에서 일을 하고 있었다. 한번은 50대로 보이는 남성에게 나이를

!

물으니 자그마치 80세가 넘었다.

이 마을 사람들이 즐겨 먹는 훈자산 살구와 좋은 기후가 장수에 영향을 준다는 학계의 보고가 있지만 결국 여행자들과 학자들이 입을 모으는 공통적인 훈자의 장수 비결은 행복감이었다.

훈자 마을 사람들은 드넓게 펼쳐진 하늘을 닮아 있었고, 하늘과 닿아 있는 맑은 설산과 닮아 있었고, 지천으로 깔린 꽃을 닮아 있었고, 꽃에 날리는 향기를 닮아 있었다. 오염 요소라면 오직 서울에서 날아온 나뿐이었다. 훈자 사람들은 동요에서나 나올 듯한 그런 사람들이었다.

'동화책 속에 있고 텔레비전에 있고 아빠의 꿈에 엄마의 눈 속에 언제나 있는 나라.'

그런 꿈 같은 마을이 실제로 존재했다. 웃음이 헤프게 소비되지만 곧 채워지는 마을. 자연이 모든 것을 공급하고 그 공급에 마땅히 돌려드릴 것이 감사뿐이라는 것을 아는 겸손한 사람들의 마을. 훈자 사람들은 전쟁과 테러를 모른다. 그곳의 평온에 몸과 마음을 누이고 아지랑이 피어오르듯 자라는 꽃들을 감상하고 있자니 그제야 내 나라가 전쟁 중이라는 사실이 피부에 와 닿았다.

노란 나비가 날아들었지만 꼬마들은 아무도 나비를 잡으려고 손을 뻗거나 나에게 매달려 나비를 잡아달라고 떼를 쓰지 않았다. 그저 나비가 보고 싶으면 들로 나가면 그만이었다. 한낱 나비조차 살기 위해 발버둥치며 날지 않았다. 꽃이 즐비한 어귀에 몸을 누이니 풀내음이 포근하게 나를 덮어 주었다. 예비군 훈련에서 납작 엎드려 사격 훈련을 할 때도 느껴지지 못한 전쟁 중이라는 인식은 평온 속에 몸을 누이니 고개를 번쩍 들었다.

라호르에서 처음 테러를 목격했을 때는 그렇게 겁이 나더니 계속되는 무장 군인들의 검문은 슬그머니 테러의 경각심을 망각하도록 만들었다. 전쟁 중인 한반도에 살면서 전쟁이 아무렇지도 않은 일상이 되어버렸기 때문에 나는 그동안 전쟁이 없는 삶을 기대하지 못하고 살았다. 전쟁이 일상이니 전쟁은 당연한 것으로 인지되었던 것이다. 내게 전쟁은 끝내거나 말거나 할 수 있는 성질의 것이 아니라 당연히 받아들여야 하는 일로 인식되어 있었다.

전쟁 중인 땅 위에 살면서도 평화를 염원하지 않는 삶의 태도와 땅에 살면서도 천국을 바라지 않는 모습은 동일하다. 전쟁 중인 땅을 살기 때문에 전쟁이 일상이듯 땅에 살기 때문에 죄가 일상이 되어가는 모습이 그렇다.

땅에서 하늘을 누릴 수 있는 방법은 예배다. 마치 예배는 전쟁 같은 우리 일상의 훈자행과도 같다. 내 영혼의 훈자인 천국을 향하는 고된 행군은 예배와 다름 아니다. 예배를 통해 하늘을 경험하는 일은 훈자에 가는 길처럼 고단하다. 협착한 낭떠러지 길이 쉼 없이 이어진다. 그러나 우리는 기필코 그 길을 지나 천국에 닿아야 한다!

죄악이 도처에 널린 이 땅에서 우리는 기필코 천국을 바라야 한다. 예배는 전쟁 같은 일상 중에 만나는 천국으로의 행군이다. 내 영혼의 훈자인 천국은 영원한 삶을 누리는 곳이다.

!

사명, 성도의 태에 심기는
주님의 씨앗이다

미얀마
[Myanmar]

미얀마는 우리 부부의 신혼여행지였다. 예상했지만 민주주의로 진입 중인 수도 양곤의 태동은 굉장했다. 그동안의 군부독재가 청산되고 아웅산 수치 여사를 앞세워 민주화가 이루어질 것이라는 기대가 양곤 전체에 가득할 무렵이었다.

아웅산 수치 여사가 우리나라에서 잠시 박근혜 전 대통령과 비교되기도 했었는데, 단지 미얀마를 다스리던 장군의 딸이었다는 이유였다. 여성은 사원 밖에서 기도를 드려야 할 정도로 남녀평등에 대해 인식이 높지 않은 미얀마에서 여성으로서 민주화의 깃발이 된 것은 실로 엄청난 태동이 아닐 수 없다.

우리 가정은 교회가 될진대 이 교회는 우상을 섬기는 건축물이 되지 않고
척박한 사막에서도 초록을 뽐내는 생명을 품기로 보혈의 감동 앞에서 약속하였다.

사람들은 미얀마 하원의원이자 민족민주동맹 사무총장인 그녀가 대통령이 되기를 바랐지만 외국인 자녀를 둔 사람이 대통령 후보가 될 수 없다는 법 앞에서 순복해야 했다.

그녀에게는 사별한 영국인 남편이 있고 그 사이에서 낳은 영국 국적의 아들이 두 명 있다. 어수선한 국제정세 속에서 거칠게 이어진 영국 남편과의 러브 스토리는 국민들 사이에서 인기가 있었다. 그러나 더욱 인기 있는 스토리는 영국인 남편이 죽음 앞에 놓여 있을 때 그녀가 남편이 아닌 미얀마 국민들을 선택했다는 애국 스토리다.

사경을 헤매는 남편이 영국에 있을 때 그녀는 미얀마에서 떠날 수 없었다. 영국에 있는 남편을 만나러 비행기를 타는 순간 독재자로 인해 영영 미얀마로의 입국이 거부될 것을 알았기 때문이었다. 그녀는 미얀마의 민주화를 위해 힘쓰기로 결단했다. 남편의 죽음도 지켜보지 못하고 미얀마 땅에 남아 국민을 선택했다는 대목은 외국인인 내게도 진한 감동이었다.

미얀마를 방문했을 당시(2015) 느낀 바 여사는 국민을 자녀같이 사랑했고, 국민들은 그녀를 어머니처럼 존경하고 있었다. 말하자면 대한민국 국민들이 바라는 그런 정치인이 그곳에 있었다. (그러나 최근 로힝야족에 관한 아웅산 수치의 입장은 무척 아쉽다.)

낙후 지역 여행이 익숙하지 않은 아내는 최빈국에 속하는 미얀마 여행에서 불평을 늘어놓았다. 아내는 처음 마주치는 환경과 낯선 냄새의 사람들에게서 스트레스를 받는 듯했다.

"오빠가 하는 그런 여행을 하고 싶어."

아내의 바람에 따라 우리는 풀빌라의 아리따운 허니문을 포기하고 배낭에 워커를 신었지만 아내의 의지와는 달리 '그런 여행'의 실제는 아내를 혹독하게 밀어붙이고 있었다.

경제 수도라고 하기에는 비참한 양곤에서 한 식당을 찾아가기 위해 택시를 탄 적이 있었다. 그 택시는 보조석의 등받이가 고장나서 눕혀져 있었다. 고정되지 않는 앞좌석의 의자를 발로 툭툭 밀치며 아내는 짜증이 담긴 말투로 말했다.

"이런 차로 어떻게 영업을 하는 거지?"

택시에서 내려 목적지로 걸어가는 길은 아내에게 힘들기만 했다. 무더운 날씨였고, 미얀마 남자들이 '씹는 담배'를 바닥에 퉤퉤 뱉는 통에 불쾌하게 붉은 찌꺼기가 여기저기 마구 튀었던 것이다.

시원한 식당에 도착하고서야 아내는 짜증이 누그러졌는지 불평하는 자신의 감정을 죄스러워하였다. 마음속에서 종종 일어나는 미움이 부끄럽다고도 했다.

우리의 가정이 갈 곳 없는 사람들의 집이 되리라는 기대를 품었던 '신혼여행'이기 때문이었을까? 사람을 긍휼히 품지 못하고 힘들어하는 자신의 상태가 무겁기만 했을 것이다.

받은 사명과 자신의 상태 간에 온도 차이가 있을 때 우리는 얼마나 괴로운지. 이런 온도 차이를 경험하고 나면 우리의 사명이 과연 내 것이 아니라 주님의 것임을 시인하지 않을 수 없다. 우리의 바람과 열정을 의지하지 말고 하나님의 선하신 마음을 의지해야 한다는 대화가 무르익을 즈음 식탁에는 맛좋은 게 요리가 올랐다.

알 수 없는 외국어가 사방에서 들리는 가운데 철 지난 미국 컨트리송이 나부끼는 엉성한 식당에 앉아 처음 보는 이상스러운 게를 어찌할 줄 몰라 하는 아내의 티셔츠에는 밝게 웃는 아웅산 수치가 프린트되어 있었다.

나는 그때 잠시 생각했던 것 같다. 내 앞에 앉은 이 어리둥절한 24살의 여자가 훗날 아웅산 수치처럼 무엇인가 품어낼 수도 있다고 말이다.

아내는 결혼 3년차인 지금 아기 둘을 낳아 품고 있고, 나와 함께 '죄인교회'를 개척하여 소년원 퇴원생과 미혼모들을 품고 있다. 아내는 양곤에서처럼 때로는 불평하지만 그 불평과 맞서기 위해 부단히 노력한다.

타고난 배짱이 일반보다 커서 뚝딱뚝딱 일을 해치우는 나와는 달리 마음이 작기 때문에 필사적으로 해내야만 한다고 마음을 다지고 또 다지고 다시 다지는 아내의 순종은 비할 바가 아니다. 그 필연적 작음을 이기려는 아내의 아름다움은 여체의 곡선에서 느낄 수 없는 영적인 것이다. 성도들을 품으려는 아내의 시도는 인간의 노력으로 되는 것이 아니다.

성도를 품는 태 역시 여체의 태가 아니다. 연약하기 짝이 없는 아내가 완전하신 하나님을 의지하는 모습을 보면 목회가 무엇인지 알 것 같다. 그것은 하나님을 의지할 때 온전히 이루어지는 사역이다. 내가 너무 아내를 치켜세우는 것일까?

그러나 낮은 자가 먼저 된 자를 부끄럽게 하는 것은 성경의 말이다. 불평하는 자신을 부인하려는 그 고단한 과정을 지켜볼 때면 사명이란 정말이지 아이를 낳는 것과 같은 산고의 고통이라는 생각이 든다. 하나님의 사명은 인간의 영적인 태에 들어가 괴로운 시간을 거치고서야 부풀어 태를 찢고 세상에 나타나기 때문이다. 사명, 그것은 성도의 태에 심기는 주님의 씨앗이다.

아내는 요즘 미혼모 수요예배에서 설교하기 위해 욥기를 보느라 여념이 없다. 그 모습을 볼 때면 욥기를 보는 것인지 욥이 된 것인지 어지럽다. 두 살 된 아기 둘을 안고서 성경을 읽는 모습이라니. 그것은 분명 고난 중에 하나님을 바라는 욥의 모습과 다르지 않다.

우리 아이들은 동갑이다. 첫째는 2016년 1월생, 둘째는 같은 해 12월생, 태가 부풀고 꺼지기를 1년에 두 번 하고서도 아내는 또 무엇인가를 품고 있다. 그렇다. 그것은 미얀마의 한 식당에서 스치듯 보았던 바로 그 사명이다. 할렐루야! 나의 주님은 스치듯 말씀하신 그 약속마저 견고히 지키시는 분이다.

양곤 일정을 마무리한 우리는 버스를 타고 10시간을 달려 바간에 도착하였다. 바간은 세계 불교 유적의 중요한 부분을 차지하고 있는 지역인데 일대에는 5,000여 개의 크고 작은 사원이 세워져 있다. 미얀마는 문호를 개방하면서 바간의 불교 유적이 서양인들에게 인기가 있을 것을 예상하고 여기저기에 수영장이 딸린 서양식 리조트를 건설하였다. 바간 일대의 5,000여 개나 되는 사원들은 1,000년에서 1,200년 사이에 미얀마인들의 선대가 불심으로 지어낸 것들이다. 불심 없이 오직 인간의 육체적 힘만으로는 세계 3대 불교유적에 속하는 거대한 건물을 건축할 수 없었을 것이다.

그들의 선대들은 신을 섬기기 위해 수천 개의 사원을 세웠고 후대들은 그 사원을 자원으로 돈을 벌기 위해 리조트를 세운다. 말이야 바른 말이지 신의 구역이라는 바간도 이미 자본주의가 진행되고 있었다. 그러나 그 모습이 그다지 어색하지는 않았다. 내가 소속된 한국교회의 모습도 크게 다르지 않은 터였다. 신이 사라지고 자본이 종교의 주인이 된 상태는 우리에게 무척 익숙한 풍경이다.

아내와 나는 리조트에 짐을 풀고 전기 스쿠터를 렌트하여 유적지로 이동했다. 아내는 지금도 속상한 일이 있을 때면 스쿠터를 타고 함께 바간을 누비던 일을 추억한다고 한다. 아내가 기억하는 바간의 풍경은 이렇다.

풀 한 포기 없는 건조한 땅에 먼지바람이 이는 기다린 길이 있다. 그 길 위에는 깊고 진한 노을이 쏟아진다. 지금 막 결혼한 신혼부부가 그 노을 길을 오토바이로 달리는 풍경이다. 아내는 장난을 친다고 TV에서 한동안 유행했던 철이 지난 유행어를 외쳤다.

"오빠, 달려!"

그러면 나는 그 마음을 이해 못하고 딱딱하게 대꾸했다.

"이거 전기 스쿠터라서 일정 속도 이상 못 달려. 성능이 그래."

아내와 나는 리조트에 짐을 풀고 전기 스쿠터를 렌트하여 유적지로 이동했다.
아내는 지금도 속상한 일이 있을 때면 스쿠터를 타고
함께 바간을 누비던 일을 추억한다고 한다.

아내는 그래도 좋다고 깔깔깔 웃었더랬다.

우리는 지겹도록 먼지내며 달리다가 해질 즈음에 바간 일대에서 가장 높다는 쉐산도 사원에 도착했다. 아내와 나는 일몰을 보기 위해 사원에 올랐다. 5,000여 개의 탑들 중에서도 일몰을 보는 포인트로 알려진 쉐산도 사원은 높이가 무려 100m나 되었다.

쉐산도 사원 꼭대기에 올라 내려다보니 정말 많은 사원들이 각기 다른 모습으로 아름답게 펼쳐져 있었다. 수천 개의 사원이 있다고 듣기는 했지만 실제로 내려다보니 실로 엄청난 규모였다. 한 개의 사원에 1개의 불상이 있다고만 가정해도 어마어마하게 많은 불상들이 존재하는 지역이었다. 아무리 아름답다고 해도 기독교 선교사인 내게는 단지 우상을 섬기려고 지은 허탈한 건축물이기도 했다.

그러나 내게는 익숙한 풍경이었다. 아름다운 대리석이 수놓인 건물 속에 예수를 자판기로 아는 성도들이 모여 목사를 우상으로 높이는 데도 그곳을 '교회'라고 부르는 경우는 허다하니까 말이다. 모름지기 겉보다 속이 아름다워야 한다는 것은 동서고금을 막론하고 시대와 시대를 관통하여 이어지는 진리 중의 진리다.

화학물질을 가슴에 품고 갖가지 교태로 눈을 호리는 여성의 아름다움이 과연 생명을 품었기로 수유를 위해 가슴이 부푼 여성의 아름다움과 비교될 수 있을까? 이것은 마치 모래알과 씨앗을 비교하는 격이다. 모래는 모래요, 씨앗을 품으면 거대한 황무지를 녹지로 바꿀 수 있는 생명을 품은 것이다.

쉐산도 사원에 오른 주변의 여행자들이 하나같이 아름답다며 그 풍경을 찍어대는데 내 마음은 무거웠다. 동그란 해가 뉘엿뉘엿 고개를 숙이는 모습이 마치 주님의 안타까운 마음처럼 다가왔던 것이다. 주님의 슬픔이 붉음으로 바간에 쏟아지고 있었다. 온누리를 붉게 적시는 노을빛을 세상에 뿌리시는 주님의 붉은 보혈로 느낀 것은 나의 기시감일까?

"노을이 보혈 같아."

아내는 말없이 고개를 끄덕였다. 여리고 어린 아내의 표정에는 진심어리고 깊은 고뇌가 배어 있었다.

우리 가정은 교회가 될진대 이 교회는 우상을 섬기는 건축물이 되지 않고 척박한 사막에서도 초록을 뽐내는 생명을 품기로 보혈의 감동 앞에서 약속하였다. 그리고 그 약속은 하나님께서 오늘도 역시 해를 띄우심과 같이 성실하게 지켜지고 있다.

연년생도 아닌 동년생을 키우면서 우리 집은 말 그대로 육아 전쟁터가 되었다. 나의 잦은 출타로 우리는 결국 베이비시터를 쓰게 되었고, 그 비용이 만만하지 않지만 아내의 몸이 많이 상했기 때문에 남편인 나는 어떻게든 그 비용을 조달하였다.

며칠 전의 일이다. 아내는 베이비시터 비용을 줄여 50만 원을 절약하겠다고 했다. 그리고는 그 돈으로 선교를 하라는 것이다. 자신은 집에서 아기들을 돌보기 때문에 선교비를 만들 수 없으니 이렇게라도 자신의 헌신이 주님의 선교에 쓰이기를 바란다고 말이다. 그래서 자신의 편익을 위해 사용되던 50만 원을 기꺼이 하나님의 선교에 내어 놓겠다고 했다.

아내의 말이 끝나기가 무섭게 둘째가 배가 고픈지 울어버려서 나는 대꾸하지 못했지만 그렇게라도 하나님의 선교를 이루겠다는 아내의 모습에서 나는 쉐산도 사원에서 보았던 그 깊은 고뇌를 다시 마주했다.

육아 전쟁으로 피폐한 자신을 다스려 척박함 속에서도 초록의 생명을 품어내는 아내가 사랑스럽다. 그녀는 예루살렘을 벗어나지 않는 범위를 거닐며 우주적인 사역을 했던 예수를 닮았다. 20평 오피스텔에 갇혀 있으면서도 만국에 복음을 펼치고 있으니까 말이다. 그때 그 양곤 식당에서 아내의 옷에 아웅산 수치가 웃고 있었지만 이제 그녀의 가슴에는 예수께서 싱글벙글하신다.

나는 가족들이 모두 잠든 지금, 주방 식탁에 앉아 이 글을 쓰고 있다. 아내의 공간에서는 예수께서 흘리신 기쁨이 또르르 굴러다니는 소리가 들린다. 식탁의 한 편에는 수북한 아내의 약봉지들이 보인다. 가슴이 아프지만 걱정을 티내지 않기로 마음먹는다. 생명을 품어 승리를 이룬 사람에게는 동정보다 존경을 드리고 싶기 때문이다.

!

내가 있을 곳이
어둠이라고 믿었다

네팔
[Nepal]

여느 개발도상국과 마찬가지로 네팔 카트만두 공항을 빠져 나오자 택시 호객의 무리가 아무런 규칙 없이 고함을 지르며 먼지를 일으키고 있었다. 제각각 자신의 방식으로 호객을 하는 무리들 중에 다가오지도 않고 멀찍이 붉은 점퍼를 입고 서서 '컴 온, 컴 온' 하는 덩치 큰 남자와 눈이 마주쳤다.

여행을 다니면서 이렇게 호객하는 무리 중에서 한 사람을 선택해야 할 때 유념하는 것은 리더십의 냄새다. 처음 도착한 나라에서 리더십을 가진 누군가와의 만남은 유용한 도움이 될 때가 많다.

그들은 대개 많은 정보를 알고 있을 뿐만 아니라 영어도 곧잘 한다. 게다가 지나친 호객에 싫은 티를 내면 그쯤에서 멈추어야 지금까지 호객한 상품이라도 팔 수 있다는 것을 눈치챈다. 만약 위로 몇 단계씩이나 상사가 있는 사람을 만난다면 뭐 하나 물어볼 때마다 어딘가로 전화를 걸어 대는 통에 쏼라쏼라 정신이 하나도 없다.

그 붉은 점퍼를 입은 남자의 이름은 기억나지 않는다. 그저 기억나는 것은 그가 분명 이 업계의 리더였다는 점과 그의 택시는 운전석 문이 없었다는 사실이다.

아무튼 사내 중의 사내로 느껴지는 붉은 점퍼의 그와 함께 공항을 빠져나와 문도 없는 자동차를 타고 비포장도로를 길게 달렸다. 흙먼지가 고스란히 차 안에 들어와 난동을 피웠지만 그는 아랑곳하지 않는다.

"예~~~~ 디스 이스 굿 카~~."

그는 자신의 차가 '굿 카'라고 연발하며 백미러로 내게 동의하냐는 듯한 눈짓을 했다. 백미러에는 몇 번이고 흙먼지를 쓸어내린 손자국이 선명했다. 나는 왠지 그의 배포와 유쾌한 에너지가 좋아서 연신 기침을 쿨럭거리면서도 양손의 엄지를 들어 주었다.

흙먼지를 피하려고 고개를 숙였는데 차체의 바닥이 녹슬어 구멍이 나있었고 그 구멍으로는 땅바닥이 훤히 보였다. 그가 차를 출발할 때 어디로 가느냐고 물었다. 나는 '고 타멜'이라고 말해 주었는데, 운전하는 내내 그는 쉬지 않고 떠들었다.

"고 타멜, 고 타멜, 고 타멜! 고 고!!"

!

주님은 내 안에 빛으로 심기셨다.
주님이 내게 오심으로 나는 복음의 터가 되었고 비로소 알게 되었다.

사실 나는 카트만두의 번화가 타멜에 대해서 관심이 많았다. 배낭여행자들에게 그곳은 각종 먹거리와 장터가 벌어지는 여행자 거리지만 현지인들에게 그곳은 네팔 최고의 환락가이기도 하다.

여행자들과 행상들이 거니는 중심가를 약간 벗어나 현지인들만 알 법한 골목골목을 연이어 깊숙하게 들어가다 보면 어두운 기운의 삼엄한 술집들이 곳곳에 있다는 정보를 가지고 있던 나였다.

나는 어느 나라를 가든지 그 나라의 어둠이 궁금하다. '어둠'은 다름 아닌 나의 파송지이기 때문이다. 첫 설교도 소년원에서 했고, 사창가의 성매매업소에서 동의를 얻어 전도 실황을 녹음하여 음성변조를 거쳐 방송에 사용하기도 했었다.

그동안 복음을 들고 한국의 많은 윤락가를 배회했지만 그곳에서 주님을 전하는 사람을 만나기란 어려워도 너무 어려운 일이었다. 어떤 사람들은 어째서 그리스도인이 윤락가를 가느냐고 묻기도 했다. 그러나 나는 그곳에 가는 날마다 주님을 만났다.

예수, 빛으로 계시는 그분을 어둠 속에서 만났다. 주님은 어둠 속에 계셨고 어둠과 함께 계셨다. 나의 파송지가 '어둠'인 이유는 예수가 보내지신 곳이 '어둠'이기 때문일 것이다. 그래서 그분의 별명이 '임마누엘(하나님은 우리와 함께 하신다)'이 아니던가. 주님은 어둠 속에 있던 내게 빛으로 오셔서 내 빚을 탕감해 주셨다. 그리고는 나를 빛으로 변화시키셨다.

이제 나는 다시 어둠 속으로 보내졌다고 믿는다. 예수께서 내게 하신 것처럼 빛으로서 어둠 속을 서성인다. 예수를 알기 이전의 나는 어둠과 섞이려고 어둠 속을 서성였지만 지금의 나는 어둠을 몰아내려고 어둠 속을 서성인다. 주님에게 진 '빛'이 많아서 '빛'이 되었다. 어둠 속을 서성일 때면 새삼 나의 사명이 예수의 사명과 일치한다는 사실에 가슴이 벅차다.

짐을 풀고 타멜의 어둠으로 들어가기로 했다. 타멜 거리로 나가기 전, 좋지 않은 상황이 벌어질 것을 예상하여 주머니에 잭나이프를 넣었다. 하지만 시작도 하기 전에 그들을 적으로 인지하는 나의 태도가 영 거슬려 잭나이프를 내려놓고 어머니가 챙겨 준 홍삼캔디 한 주먹을 주머니에 구겨 넣었다. 타멜로 향하는 길에 주머니 속의 홍삼캔디를 만지작거리면서 불안한 마음을 달랬다.

'주님 붉고 달콤한 이 홍삼캔디처럼 붉고 사랑스러운 성령의 은혜가 우리를 보우하실 줄 알고 갑니다. 보이실 일을 보이시기를 원합니다.'

스물스물 대마초 냄새가 피어오르는 골목 어귀를 거닐고 있을 때 한 소년이 다가와 말을 걸었다. 10대 후반으로 보이는 소년은 머리칼을 있는 대로 손질하여 사방으로 뻗친 모양을 하고 축축 늘어진 바지를 입고 있었다.

늘어진 바지와 어울리게 눈이 반쯤 감긴 이 소년이 판매하려는 것은 마약의 일종인 '하시시'였다. 이곳저곳에서 제멋대로 쿵덕거리는 음악소리가 밝음을 빙자하며 시끄럽게 정신없이 들리는 가운데 소년의 초점 없이 축 늘어진 두 눈에는 어둠이 가득했다. 익숙한 눈이었다. 나의 중학교 시절의 딱 그 눈이었다.

어둠이 내려앉은 내 눈을 보신 주님은 내 안에 빛으로 심기셨다. 주님이 내게 오심으로 나는 복음의 터가 되었고 비로소 알게 되었다. 빛은 눈으로 보는 것이 아니라 영으로 만나는 것임을. 주께서 나의 어둠에 들어오신 것같이 나는 소년의 어둠에 좀 더 가까이 들어가기로 했다.

약을 사지 않으면 담배라도 한 대 달라고 하기에 담배를 태우지 않는다고 하자 소년은 인사도 없이 돌아섰다. 다급히 소년을 불러 세워 홍삼캔디를 내밀었다. 약을 팔기는 해도 사탕을 집어 들고 씨익 웃는 모습은 영락없는 어린아이였다.

"웨얼 이스 유얼 빅 브로?"

"와이?"

"아이 원트 투 헤브 펀 투게더."

소년은 형들이 모인다는 술집으로 나를 안내했다. 꼬불꼬불한 골목들을 지나치는데 이거 되돌아갈 때는 어떻게 하나 걱정이 될 만큼 복잡한 길들을 지나쳤다. 지나치는 가게마다 신당이 세워져 있었고 힌두인들의 향 냄새가 안개처럼 자욱했다. 이름을 알 수 없는 작은 동상들이 지저분한 채 무력하게 서 있고, 사람들은 그 동상에 합장하며 기도하고 있었다. 그 무력한 동상들 주변에 가축의 배설물과 그 배설물을 토하고 죽은 가축의 사체가 널려 있었다.

내 마음에 거룩함이 찾아들었다. 나를 보시던 주님의 안타까움이 어두운 골목을 보는 내 마음에 찾아들었다. 얼마나 들어갔는지 모르겠다. 이제는 팝송이 들리지 않았고, 힌디어나 네팔어로 신비하게 굴곡진 선율들이 들렸기에 외부와 단절된 완전한 네팔에 와 있다는 생각이 들 즈음 큰형들이 있는 술집에 도착했다.

사람의 마음에 깊이 뿌리내린 어둠을 찾아가는 것은 과연 이와 같이 복잡할 것이다. 그래서 선교의 길은 일단 들어서면 벗어나기 어렵다. 빠져나갈 길을 외우면서 들어섰지만 다 헛수고다. 빠져나가려고 이 궁리 저 궁리를 하지만 십자가로 심기는 수밖에 없다. 그게 우리 선교사들에게 허락된 유일한 해방이다. 지금 이 시간에도 지구 반대편의 어떤 선교사는 돌아가는 길을 잃어 후퇴하지 못하고 십자가로 심겨 죽기를 결단하고 있다.

이윽고 도착한 작은 술집에는 역시 좀 논다 싶은 형들이 붉은 조명 아래에서 히죽거리며 맥주를 홀짝이고 있었다. 나는 자리를 잡고 앉아서 주위를 둘러본 후 가장 힘이 세 보이는 남자와 눈을 마주쳤다. 그리고는 저벅저벅 다가가 인사를 나누고 홍삼캔디를 내밀었다. 한 대 베어 버리겠다는듯 노려보던 그 눈은 사탕 맛을 보더니 초승달 모양이 되어 배시시 웃었다.

그렇지, 그건 기도 먹인 사탕이었다. 주인장이 메뉴판을 내밀었지만 어차피 내 눈에는 글씨가 아니라 그림이었다. 남자가 먹고 있는 쟁반을 가리켰다.

"세임."

그러자 그는 내게 엄지를 들어 주었다. 네팔 사람들이 즐겨먹는 '달

사람의 마음에 깊이 뿌리내린 어둠을 찾아가는 것은 과연 이와 같이 복잡할 것이다.
그래서 선교의 길은 일단 들어서면 벗어나기 어렵다. 빠져나갈 길을 외우면서 들어섰지만 다 헛수고다.

밧'이라는 요리였다. 달밧을 한 그릇 비울 때까지 별다른 대화를 하지 못했다. 서로 영어가 짧은 우리들은 대화가 잘되지 않았다. 어느 한쪽이라도 영어가 좀 길면 대화가 될 텐데 양쪽 다 버벅거리니 답답했다. 그들도 답답한 마음은 같았는지 자기들끼리 숙덕거리더니 누군가를 부르는 모양이었다.

머리털이 홀랑 벗겨진 거구 아저씨 하나가 '하이 에브리 원!'이라고 제법 좋은 발음을 뽐내며 배를 내밀고 등장했다. 이 사내가 이 근방에서는 가장 큰 형님이란다. 직업은 여행가이더, 42살. 이름은 힌두인들의 코끼리 머리 신 '가네쉬'였다. 그러나 내 마음에는 그의 이름은 이렇게 닿았다. 출애굽 가이더 아론.

> … 네 형 아론이 있지 아니하냐 그가 말 잘 하는 것을 내가 아노라 그가 너를 만나러 오나니 그가 너를 볼 때에 그의 마음에 기쁨이 있을 것이다. _출애굽기 4장 14절

그는 내게 무리의 말을 통역해 주었다. 첫 질문은 역시 어떤 종류의 약을 원하는지에 대해서였다. 나는 약을 사러 온 것이 아니라 네팔 사람들을 알고 싶어서 오게 되었다고 설명했다. 약을 사지 않겠다는 내게 그는 큰형님다운 자세로 혹은 여행가이더다운 자세로 매우 정중하게 섭섭함을 표시했다.

모르는 외국인 때문에 여기까지 오셨는데 달밧이나 한 접시 대접하겠다고 하니 큰형님은 눈을 동그랗게 뜨고서 입을 동그랗게 오므

!

리고 낮은 목소리로 단호하게 말했다.

"노!"

내가 흠칫 놀라자 다시 씨익 웃더니 맥주 한 병과 함께 시켜주면 먹겠단다. 처음 보는 사람을 들었다 놨다 하는 이 큰형님은 타고난 가이더였다. 그 붙임성으로 이 동네를 주름잡고 있는 것이 분명했다.

그는 가게 안에 있는 동생들을 차례로 소개했다. 가네쉬, 비슈, 옴 등 힌두신의 이름이었다. 이들의 이름을 소개하면서 그는 힌두신들의 이야기도 약간 해주었다.

이어 나를 소개할 차례가 되었고, 나는 나를 여호수아로 소개하며 출애굽의 한 대목을 이야기해 주었다. 손짓 발짓을 해가며 이스라엘의 해방을 설명하려고 애를 쓰는 내게 큰형님이 말했다.

"이봐, 자네가 여호수아라면 우리를 이 지긋지긋한 카트만두에서 해방시켜줘."

"큰형님, 그건 여호수아가 한 일이 아니라 여호수아를 통해 하나님이 하신 일이었어요."

우리는 아주 긴 시간 대화했다. 한국어로 나누었다면 짧게 끝나버릴 이야기였지만 서로 다른 억양의 영어로 주고받는 통에 오랜 시간을 대화해야 했다. 공책까지 꺼내 와서 적고 연기하며 대화를 이어 나갔다. 길었던 그 대화는 '사랑'이라는 주제였다.

아, 나는 확신하고 있었다. 주님은 힌두신의 이름을 가진 사람들 사이에 뒤엉켜서 사랑을 주제로 떠드는 나의 손짓 발짓을 찬양으로 받고 계셨다. 대화 중에 계속 느껴지는 알 수 없는 가슴의 저릿함이 나로 하여금 성령의 임재를 확신하게 했다.

큰형님이 말했다.

"넌 예수를 믿고, 난 힌두를 믿어, 저기 저 애는 부처를 믿지. 하지만 우리 모두의 언어는 하나야. LOVE."

우리의 언어가 사랑이라는 그의 고백은 내게 적지 않은 충격이었고 나는 마치 붉은 점퍼의 그 남자처럼 무대포 정신을 앞세워 홍삼 캔디처럼 붉은 말씀으로 대꾸했다.

"맞아요. 큰형, 나는 중요한 게 세 가지가 있다고 생각해요. 믿음과 소망과 사랑이에요. 그중 가장 중요한 것은 사랑이죠. 고린도전서 13장 13절이에요."

그는 빙그레 웃으며 고개를 끄덕이더니 네팔어로 주변 동생들에게 내가 한 이야기를 통역해 주었다. 공간 안의 모두가 고개를 끄덕였다. 그 풍경을 두고두고 잊을 수 없을 것이다. 미로 같은 길을 지나 도착한 어둠에서 한 편의 설교를 멋들어지게 쏟았지만 그들은 내가 기독교 선교사라는 사실을 끝까지 믿어주지 않았다.

내 몸에 가득한 문신과 칼에 찔린 흉터들은 그들이 생각해 온 기독교 선교사와 무척 거리가 먼 모습이었을 것이다. 게다가 어째서 기독교 선교사가 이런 술집을 오겠냐며 믿을 수 없다고 했다.

그러나 나는 내 어둠의 흉터들이 내가 선교사임을 증명한다고 믿는다. 내게는 빛이 있다. 어둠 속에 있을 때 주님께 진 빛이다. 또한 내게는 빛이 있다. 어둠 속에 있을 때 주님께 받은 빛이다. 나는 내가 있을 곳이 바로 '어둠'이라고 믿는다! 빛의 올바른 위치는 '어둠'이다.

내가 가진 빛의 능력을 믿는다. 빛은 어둠을 몰아낸다. 빛이 등장하면 어둠은 성실하게 자신이 차지했던 것을 빛에게 돌려주어야 한다. 어둠은 눈부신 나를 볼 수 없다. 어둠은 내가 누구인지 알 새 없이 소멸되기 때문이다. 빛의 등장은 어둠에게 타협의 기회를 제공하지 않는다.

빛이 들지 못하는 어떤 밀봉된 공간이 있다고 하자. 그리고 공간의 중앙에 벽을 하나 만들어서 공간을 두 개로 나누자. 이제 공간이 두 개 생겼다. 왼쪽 공간에는 조명을 설치하여 빛이 있고 오른쪽 공간에는 조명이 없어서 어둠이 있다고 가정하자. 중앙에 세워져 공간을 두 개로 가르던 벽을 부순다면, 왼쪽에 있던 빛이 오른쪽 어둠을 몰아낼까? 아니면 오른쪽의 어둠이 왼쪽의 빛을 몰아낼까?

너무 쉬운 이 문제의 답은 '빛이 어둠을 몰아낸다'이다. 어둠은 빛을 덮지 못한다. 빛은 존재하지만 어둠은 존재하는 것이 아니라 빛이 없는 상태일 뿐이다. 빛은 빛이지만 어둠은 빛의 부재를 말할 뿐이기 때문이다.

문이 떨어지고 바닥이 보이는 그 허술한 자동차를 몰았던 붉은 점퍼의 사내가 떠오른다. 나는 마치 그 자동차와 같아서 문도 떨어지고 바닥도 녹이 슬었다.

내가 예수를 믿었다고 해서 칼에 찔린 흉터가 사라지거나 문신이 지워지거나 정신병원 진료 기록과 경찰 기록이 사라지지는 않았다. 나는 허술한 그대로다. 볼품없는 차를 모는 붉은 점퍼의 사내처럼 나라는 볼품없는 차를 붉은 보혈의 주님이 운전하신다. 주께서 운전대를 잡으시니 나는 빛이 되어 어둠으로 간다.

어둠을 향하시는 주님의 목소리가 들리는 듯하다.

"고 타멜, 고 타멜, 고 고 고 고!!!"

!

저 먹구름 뒤에 태양이 떠 있다

!

캄보디아
[Cambodia]

먼지 이는 프놈펜 터미널에 도착했을 때 만난 순박한 청년 기사, 그의 이름은 두툼한 체격과도 잘 어울리는 '마룬'이었다. 마룬에게 숙소 이름을 말해 주니 알겠다고 한다. 그 넉넉한 풍체와 서글서글한 미소까지 한 치의 의심도 없이 그를 믿고 출발했다. 그런데 그가 나를 내려준 곳은 가고자 했던 곳과 전혀 다른 게스트하우스였다.

마룬이 툭툭을 세우고 게스트하우스 안으로 뛰어 들어갔다. 그리고는 로비의 호텔보이에게 우리를 가리키면서 이야기하는 모습이 보였다. 개발도상국들을 여행하다 보면 툭툭 기사들이 숙박업체에 손님을 소개해 주고 소액의 커미션을 받는 모습을 흔하게 볼 수 있다.

나는 불쾌해서 곧바로 게스트하우스 로비로 뛰어가 마룬을 불러 세웠다. 영어로 한 소리 하다가 때려치웠다. 안 그래도 짧은 영어가 흥분한 탓에 버벅거렸기 때문에 답답해서 한국말로 육두문자를 날렸다. 어차피 내 생각을 전달할 목적이 아니라 감정을 전달하자는 심산이었다. 당연히 마룬은 못 알아듣겠지만 내가 당하고만 있을 사람이 아니라는 것을 보여 주어야 했다.

여행 중 현지인에게 우습게 보이면 계속 당할 수 있다는 것을 잘 아는 터였다. 사기를 쳤더니 잘 걸려들어 돈을 쓰는 사람이라는 이미지가 생기면 동네에 소문이 나서 너도나도 돈을 뜯어보려고 접근하기 때문에 별 이상한 잡상인을 다 만나게 된다.

"컴 다운, 컴 다운."

지켜보던 호텔보이가 나를 진정시키고 물을 한 잔 주더니 '왜 그러냐?'고 물었다. 마룬이 나를 속였다고 말하자, 마룬은 지금 길이 헷갈려서 친구인 자신에게 길을 물으려고 들어왔을 뿐이란다.

마룬이 툭툭의 엔진을 정지하지 않은 것이 그 증거라면서 내가 가려는 숙소는 바로 뒷쪽 블록이고 걸어가면 5분 거리라고 말해 주었다. 마룬은 거짓말을 할 사람이 아니라는 말도 잊지 않았다.

변호에 나선 이 친구는 오른손을 왼쪽 가슴에 대고 진심이란 표현을 한층 더 했다. 언뜻 보기에도 이 동네 리더로 보이는 어깨 넓은 이 친구의 이름은 '알라젝슨'이었다.

나는 민망해서 고개를 들지 못하고 있다가 '컴 온'하면서 출발하자는 마룬에게 다가가 더 늦기 전에 사과했다. 부끄러운 내 얼굴은 붉게 화끈거렸지만 서글서글한 마룬의 웃음은 마치 붉게 그을린 여름날에 드리운 그늘 같았다.

미안한 마음을 어떻게든 갚고 싶었다. 나는 사실 '말 한마디로 천냥 빚을 갚는다'는 속담을 좋아하지 않는다. 그것은 다분히 빚을 진 사람의 입장을 고려했다고 생각되기 때문이다. 돌려받아야 하는 입장에서는 빌려 준 것도 받고 말로 하는 사과도 받고 싶을 것이다.

말로만 미안한 것은 나도 싫어하는 터였기에 마룬에게 한 가지 제안을 하였다. 마룬의 친구인 알라젝슨의 숙소를 쓸 것이며 이틀간 머물 프놈펜에서의 모든 일정 동안 마룬의 툭툭을 전세로 사용하겠다는 것이었다.

마룬에게 제시한 일당은 하루 30달러였다. 당시 캄보디아 1인 평균 월급이 약 150달러라는 것을 생각했을 때 이틀이면 60달러를 버는 것이니 아주 괜찮은 조건의 제안이었다.

마룬은 두 손을 번쩍 들고서 알 수 없는 크메르어를 외쳐 대었다. 인포메이션에 있던 알라젝슨이 나와서 내 배낭을 둘러메고 싱긋 웃으며 흘리듯 말했다.

"굿 비즈니스맨."

알라젝슨의 말은 내게 커다란 칭찬이었다. 나는 어려서부터 비지니스맨인 아버지를 닮고 싶어 했다.

내 어린 시절의 아버지는 마치 사업을 하는 농사꾼 같았다. 농사

꾼들이 성실하게 씨를 뿌리면 땅이 거짓말하지 않고 결과를 내듯 아버지의 성실을 따라서 사업은 번창해 나갔다. 아버지에게서는 항상 폐기물 냄새가 났었다. 폐기물처리공장에서 단순 노동직으로 일하셨던 아버지는 하루 종일 오물통에 들어가 폐기물 분리수거를 담당하셨다.

아버지의 자수성가는 대한민국의 성장 동력이 무엇이었는지 알 수 있도록 해준다. 분리수거 말단 직원이 폐기물처리업체의 사장이 돼 가는 모습은 전쟁 직후 극빈국 대한민국이 부강국이 되는 모습과 무척 닮아 있기 때문이다.

한국전쟁 중이었던 1952년에 태어난 아버지는 폐허 대한민국 희망의 세대였다. 1950년대에 태어난 사람들은 전쟁을 싸워낸 사람들의 2세였고 나와 같은 전쟁 3세들의 부모가 되었다. 전쟁 폐허를 경작한 전쟁 2세들은 자신들이 겪는 가난을 전쟁 3세들에게 물려주지 않기 위한 마음을 동력으로 활용했다.

이 폐허와 가난을 자신의 대에서 끊어내겠다는 마음으로 불철주야 노동의 등불을 끄지 못했다. 그들은 닥치는 대로 일하고 팔았다. 머리칼을 잘라다 가발을 만들고 쥐를 잡아 모피를 만들더니 소변까지 모아다 수출했다. 대한민국 전쟁 2세들은 지구상의 온 세대 중 경제화와 민주화를 동시에 성공시킨 유일한 사람들이다.

중학생이었을 때의 일이다. 명절도 거르시고 열심히 일하는 아버지를 두고서 대체 왜 저렇게 무리를 하시는지 어머니께 물어본 일이 있었다. 그날 아버지를 변호하신 어머니의 말씀은 내게 깊이 남

!

왔다.

"아빠는 너한테 가난을 물려주기 싫다시는구나."

아버지의 사업 철학은 성실이 아니라 대물림되지 않는 가난이었고, 그 사업 철학을 이루는 도구가 성실이었던 것이다. 따라서 누군가 내 아버지의 젊음을 회고할 때에는 성공한 사업가가 아니라 성실한 사업가라고 회고해야 할 것이다. 아버지의 다음세대인 나는 그 성실의 동력이었다. 아버지는 가난을 끊어내셨고 나와 동생에게는 경제력보다 값진 성실을 물려주셨다.

마룬과 약속한 시간이 되어 그의 툭툭을 타고 향한 곳은 킬링필드였다. 마룬의 고물 툭툭의 백미러에는 아기들을 안고 있는 마룬의 가족사진이 걸려 있었다.

그는 두 아이의 아버지였다. 마룬은 흥얼흥얼 정체 모를 노래를 불러대었고 사진 속 아기들은 제 아빠의 장난기 가득한 노래를 듣고 있는지 밝게 웃고 있었다.

킬링필드에 도착한 마룬은 노래를 멈추고 손가락으로 정문을 가리켰다. 그는 무표정하게 고개를 떨구었다. 순간 스친 마룬의 표정은 내가 아는 그가 아니었다.

1970년대 후반, 그러니까 그리 멀지도 않은 50년 전의 이야기다. 독재자 폴포트가 이끄는 무장단체 〈크메르루주〉에 의해서 3년 7개월간 캄보디아 전체 인구 700만 명 중 200만 명이 학살된 사건이 있었다. 이 숫자는 전체 인구의 약 3분의 1에 해당한다. 이렇게 동

다음세대를 사랑하는 것은 이 땅에 이루어질 회복의 큰 동력이다.
전쟁 폐허를 경작한 내 아버지처럼, 학살이 지나간 땅을 경작하는 마룬처럼,
우리는 이 땅의 영적 피폐함을 경작하여 복음의 씨앗을 심어야겠다.

족을 3년이 넘는 기간 동안 학살한 역사는 세계사에 폴포트가 유일무이하다.

학살의 이유는 우민정책이었다. 다스리는 데 어려움을 주는 학식 있는 국민들은 모두 죽였다. 글을 읽지 못하는 사람일지라도 안경을 썼으면 글을 읽는 것으로 간주하여 죽이고 손에 굳은살이 없으면 노동자가 아닌 것으로 간주하여 죽였다고 한다.

프놈펜은 캄보디아의 수도다. 그러니 글을 읽을 줄 아는 사람들은 프놈펜에 가장 많았다. 알라젝슨에 따르면 프놈펜 시민이 느꼈을 체감적인 학살 비율은 3분의 1이 아닌 2분의 1이었을 것이라고 한다. 다시 말해서 이 도시의 사람들은 누구나 친구 절반을 잃었고, 자식 절반을 잃었고, 부모 절반을 잃었다. 너나 할 것 없이 프놈펜 시민 모두가말이다.

폴포트는 캄보디아 곳곳에 학살을 위해 수용소를 설치했고 그 수용소에서 자기 민족을 학살한 후에 시체를 대량으로 매립했는데 이 매립지가 최근에 발각되면서 '킬링필드'라는 이름으로 대중에게 공개되었다.

킬링필드에 입장하는 모두가 선글라스를 벗고 가슴을 쓸어내린다. 대량 매입된 유골들을 꺼내어 쌓아올린 해골 탑은 지난 분노로 숙연한 여행객들을 안내한다.

킬링필드에 이어 사살 전 임시로 사람들을 수용했던 수용시설에 가보았다. 한 방에 수십 명을 짐승처럼 족쇄에 걸어 놓고서 한 사람 한 사람 꺼내 죽여서 쌓는 것이 일과였던 그곳에는 프놈펜 시민들의 고통스러운 비명이 아직도 스산하고 고통스럽게 떠다니고 있었다.

이 학살이 500년도 아닌 50년 전에 벌어진 일이라는 것을 도저히 믿을 수 없었고, 동족을 학살하려고 이런 시설을 지었다는 사실도 믿기지가 않았다. 학살당한 프놈펜 시민들이 그곳에 흘린 눈물에 내 발이 젖었는지 축축한 걸음으로 수용소를 빠져나와 마룬의 툭툭으로 향하는 길, 마룬은 나를 반갑게 맞아 주었지만 나는 마룬의 웃는 낯을 반갑게 받아 줄 수 없었다.

마룬도 내 마음을 아는지 더 이상 노래도 부르지 않고 아무 말 없이 다시 비포장도로를 한참 동안 달려 숙소로 향했다. 사진 속 아기들은 여전히 세상을 모르는 맑음으로 웃고 있었다.

1979년까지 지속된 학살 후 도래한 1980년대, 폴포트의 학살이 지나간 캄보디아에서 살아야 하는 생존자들은 상실감과 분노의 나날이었다. 마치 대한민국의 1950년대와도 같았을 것이다.

한국전쟁이 지나간 1950년대의 한반도, 돌멩이처럼 발에 치이는 전쟁고아들과 패잔병들의 울음소리가 땅에 가득했지만 하늘은 그들에게 희망을 낳도록 했다. 끊어진 것 같던 삶은 자녀들을 통해 지속되었고 그 아이들은 자라났다. 내 아버지는 전쟁 폐허 속에서 그렇게 희망으로 자라난 전쟁 2세대. 아버지의 출생은 나라를 희망으로 이끌었다.

캄보디아의 80년대생들은 대한민국의 50년대생들처럼 희망의 세대다. 민족대학살이 뒤덮은 그 황량하고 척박하여 가뭄 든 땅 위로 하늘로부터 단비처럼 찾아 든 것이 바로 80년대생들이다. 마룬과 알라젝슨이 바로 그 단비다. 비포장도로를 달리는 마룬의 넓은 등을 물끄러미 바라보고 있었다. 소금기 서린 낡은 티를 입은 그의 뒷모습에서 내 아버지의 젊은 시절이 오버랩되었다.

하늘에 먹구름이 드리워진 시대에 마룬을 낳은 부모들은 살 만한 이유를 찾았을 것이다. 그것은 희망이었다. 마룬의 출생은 캄보디아에 뿌리를 내린 죽음의 냄새를 몰아내었다. 죽음이 널린 땅에서 마룬은 그렇게 태어났고 내 아버지 세대가 전쟁의 폐허를 경작했듯 마룬은 지금 죽음의 땅을 경작하며 살고 있다.

어머니에게 전해들은 아버지의 소망은 가난을 물려주지 않는 것이었다. 그와 같이 마룬은 캄보디아 죽음의 냄새와 슬픔을 자녀들에게 물려주지 않기 위해 오늘도 고물 툭툭에 인공호흡을 하듯 거친 시동을 건다. 마룬이 시동을 걸면 툭툭툭 떨려대는 툭툭의 백미러에 걸린 아기들의 사진이 좌우로 흔들흔들 유쾌한 춤을 춘다.

사람들은 나와 나의 동역자들을 다음세대 사역자라고 부른다. 우리는 이 땅의 영적 피폐함을 다음세대에게 물려주지 말아야 한다는 부담을 가지고 오늘을 산다.

내가 처음 썼던 책은 29살에 출간한 『내가 하나님의 꿈인 것, 그게 중요해』였다. 제목에서 알 수 있듯이, 이 책의 내용은 바로 내가 땅의 희망임을 자명하는 것이었다. 이 땅의 희망으로 부르심을 받은 내게 다음세대를 위한 열정은 영적 싸움을 해나가는 동력이 된다.

출애굽기의 바로가 히브리인들에게 그리 했듯이 성경은 미래를 약탈하기 위해서 적들이 다음세대를 죽이는 것을 자주 묘사한다. 다음세대를 죽이는 것은 성장 동력 자체를 차단하는 것이다. 반대로 시편 131편의 기자는 자신의 평온은 마치 어미의 품에 안긴 아이의 평온과 같다고 노래한다. 다음세대를 잃어버리면 미래를 잃어버리는 것이지만 반대로 어미와 같은 마음으로 다음세대를 품으면 시대적 평온이 찾아들 것임을 알 수 있는 대목이다.

주님께서는 우리를 이 땅의 희망으로 부르셨다. 세상이 '요즘 애들' 하면서 혀를 끌끌 찰 때 똑같이 혀를 차며 휩쓸려서는 안 되겠다. 우리가 이 피폐한 시대의 악취가 나는 땅 위에 서 있는 것은 검지를 펴 손가락질을 하기 위함이 아니라 팔을 벌리고 엎드려 이 땅을 아비의 마음으로 안아보기 위함이다.

하나님 아버지의 마음으로 다음세대를 사랑하는 것은 이 땅에 이루어질 회복의 큰 동력이다. 전쟁 폐허를 경작한 내 아버지처럼, 학살이 지나간 땅을 경작하는 마룬처럼, 우리는 이 땅의 영적 피폐함을 경작하여 복음의 씨앗을 심어야겠다.

슈트를 벗고 고쟁이를 입어야겠다. 아버지가 성공한 사업가가 아닌 성실한 사업가로 회고되듯, 나도 성공한 선교사가 아닌 성실한 선교사로 회고되고 싶다. 농사꾼 같은 선교사, 천국의 열매를 땅에 틔우는 그런 사람이 되고 싶다.

!

내 곁에 오셨다

라오스
[Laos]

라오스의 수도 비엔티안은 할 게 없어도 너무 없는 지루한 곳이다. 그러나 비엔티안에서 북쪽으로 약 150km 떨어진 방비엥은 도처에 기가 막히는 엑티비티가 널렸기 때문에 배낭여행자들에게는 젖과 꿀의 땅 가나안과도 같은 곳이다. 그래서 여행자들은 보통 수도 비엔티안에 도착해서 탓루앙 사원이나 슬쩍 보고 나서 다음날이면 방비엥으로 출발해 버린다.

삐삐삐삐이이! 시끄럽게 알람이 울려서 잠을 깼다. 지루한 비엔티안의 둘째 날 아침이었다. 창틈으로 햇빛은 동남아식 볶음밥 냄새를 머금고 스며들어와 내 방에 쏟아졌다. 방비엥으로 가는 버스

탈 시간까지 여유가 있어서 볶음밥을 먹고 출발할까 했지만 불안한 마음에 서둘러 터미널로 나섰다.

어제 저녁, 터미널에서 방비엥으로 가는 버스가 있다는 것을 확인했다. 하지만 금방이라도 장렬하게 전사할 듯한 그 버스가 오늘은 살아있을지 알 수 없었다. 그 버스는 영어는 고사하고 라오스어가 적힌 행선지조차 부스러진 로컬버스였다.

터미널에 도착해서 피곤한 쥐며느리처럼 몸을 잔뜩 쭈그리고 앉아서 버스를 기다리고 있었다. 하품을 쯔억쯔억 하는데 저쪽에서 바로 그 방비엥 가는 고물 버스가 끄억끄억 몸을 비트는 소리를 내며 등장했다.

흙먼지가 걷히자 서부 영화의 배경 음악이라도 흘러야 맞을 듯한 버스는 거친 모습으로 서 있었다. 기지개를 켜고 배낭을 둘러메고 버스 쪽으로 가는데 나처럼 큰 배낭을 멘 백인 여자가 말을 걸었다.

"너 방비엥가? 그럼 우리랑 같이 가자. 저쪽에 서 있는 밴 보이지? 방비엥에 가는 여행자들을 모아서 돈을 조금씩 나눠 내면 저 밴을 빌려서 방비엥까지 편하게 갈 수 있어. 지금 딱 한 자리가 남았거든. 봐! 창문에 선탠도 되어 있잖아. 햇빛을 막아 줄 거야. 에어컨도 있어. 네가 타려고 하는 저 버스는 선풍기도 없잖아. 우리랑 밴을 타고 가자. 길이 험해서 위험하기도 하고 말이야."

확실히 좋은 밴이었다. 창문에 어찌나 검은 선탠지를 발라 놓았던지 속이 전혀 보이지 않았다. 검은색 밴이었는데 아예 차체의 검은색과 똑같은 선탠지를 사용한 것 같았다. 저 밴을 타면 라오스의 뜨거운 햇빛을 확실히 가려 줄 것 같았다. 게다가 에어컨이라니. 무척 탐이 났다. 길이 난장판이라도 이 정도 밴이면 여하간 잠을 청할 수도 있으리라는 생각이 들었다.

여행자들 몇몇이 밴을 빌려 타고 방비엥으로 간다는 얘기는 이미 한국에서 들어왔다. 가격도 싸고 빠르고 편하다고 말이다. 무엇보다 강한 라오스의 태양을 가려줄 선팅이 잘 되어 있고 거친 비포장 도로를 잘 달릴 수 있어서, 늘어지게 자고 나면 방비엥에 도착해 있다고 했다. 게다가 시간도 단축되어서 밴을 타면 5시간밖에 안 걸린다는 것이다.

낡은 현지 버스는 장작 7시간 동안 가야 하기에 꽤 구미가 당기는 소식이었지만 사양했다. 공짜라도 싫었다. 지난 저녁에 고물 버스를 처음 봤을 때부터 꼭 이 버스를 타고 방비엥에 가고 싶었다.

새벽부터 불안해했던 것은 이 버스가 에어컨도 없고 쇼바가 엉망인 불편한 버스라서가 아니었다. 이 현지 냄새가 폭발하는 버스가 하필 오늘 고장 나서 운행을 중단한다면 그녀의 말처럼 밴을 타고 방비엥에 가야 한다는 것을 알고 있었기 때문이다.

고급 밴을 타고 방비엥이라니, 그것은 세단을 타고 사막을 달리거나 슈트를 입고 정글을 지나거나 킬힐을 신고 만리장성을 오르는 것처럼 멍청한 노릇이다. 방비엥까지 가는 동안의 라오스를 현대식 밴에 앉아서 감상하는 것은 겨드랑이가 땀에 흠뻑 젖은 회색티를 입고서 만세를 하는 것처럼 굴욕적이다.

이곳 라오스 사람들이 비엔티안에서 방비엥에 갈 때 타는 이 버스를 타고서 그들이 보는 풍경을 똑같이 보고 싶었다. 여러 면에 있어서 여행은 현지와의 동화를 시도하는 과정이니까 말이다. 그렇기 때문에 여행은 종종 땅에 오신 하나님을 설명할 때 좋은 메타포가 된다. 주님께서 성자 예수님의 모습으로 이 땅에서 동화되신 것이 복음이다. (라오스 편에 기술한 '동화'는 하나님께서 인간타락과 일치되었음을 의미하는 것이 아니라 선교적 상황화를 위해 성자로서 인간사의 내부인이 되셨음을 의미한다.)

이 땅에 오신 성자 예수께서는 성능 좋은 밴을 타기를 거부하셨다. 그 거부가 도화선이 되어 유다는 그를 팔아 넘겼다. 주께서는 이 땅에 계실 제 낡은 옷을 입고서 식민지 인생들이 겪는 고충 위에 그대로 놓이셨다. "가난한 자에게는 복이 있나니"라는 마태복음 5장에 나타나는 예수의 설교는 단지 식민지 치하의 민중을 대상으로 한 설교가 아니었다.

당시 이스라엘의 지도층인 바리새인들은 고급 밴을 타고 다니면서 식민지 백성의 가난을 신의 저주로 선포하였다. 민중들은 이중 과세에 시달렸다. 로마의 과세와 성전 주인들의 과세는 민중을 가난으로 이끌었다.

예수의 설교는 다음과 같이 해석될 수 있다.

'바리새인 너희들은 가난이 하늘로부터 내린 저주라고 하면서 너희들이 복의 주인이라고 생각하지만 고급 밴을 타고 이들을 관람하는 너희들에게는 복이 없다. 너희들은 나를 의심하지만 이들은 가

난한 심령으로 나를 찾고 있다.'

배낭을 메었다고 여행자가 되는 것은 아니다. 인도에 간 여행자들은 힌두인들의 움막에서 손으로 식사를 하고 무슬림 지역에서는 고기 식사를 하지 않는다. 선교학은 이것을 '상황화'라고 말하는데 그 지역의 문화 안에 들어가서 그들의 내부인이 되려는 노력을 학문적으로 기술한 것이다.

그러나 이 상황화의 기술은 선교학이기 이전에 하늘의 주권자이신 하나님께서 성육하신 예수로서 땅에 오실 때 우리와 동화되기 위하여 행하신 여행 기술이다.

밴을 뒤로하고 올라 탄 그 버스는 내가 책으로만 공부한 선교학 상황화를 제대로 실습하게 해주는 버스였다. 무지막지한 비포장도로를 달리는 동안 나는 반죽이 되고 말았다. 덜컹덜컹, 진정 떡이 되고 말았다.

'디스코 팡팡'이라는 놀이기구가 있다. 이 놀이기구는 빙글빙글 돌면서 착석한 사람들의 엉덩이를 마구마구 강타한다. 현지 버스의 덜컹거림은 그보다 더하면 더했지 절대 덜하지 않았다. 나의 엉덩이는 속수무책으로 혼이 나고 또 혼이 났다.

버스 천장에는 선풍기 3대가 매달려 있었는데 작동되기는커녕 매달려 있는 것만으로도 힘겨워보였다. 하긴 그 정도로 덜컹거리면 선풍기가 고장이 안 날 수 없었다. 앞좌석의 손잡이를 부여잡은 나처럼 선풍기도 이 흔들림이 고통스러워서 천장을 부여잡고 있는 것 같았다.

나의 몸뚱이는 초현실주의 화가 달리의 그림 '기억의 지속'에 그려진 시계처럼 늘어졌다. 40도가 웃도는 날씨였지만 창문을 열면 비포장도로의 흙먼지가 내 얼굴의 땀과 하나 되어 찰흙이 될 것이 분명하므로 창문을 감칠맛 나게 조금씩 열었다가 닫았다가 그랬다.

그러다가 나는 어차피 흙이었으니까 다시 흙이 되도 좋으니 이 더위는 아니다 싶어 창문을 활짝 열려고 창문 손잡이를 확 당겼는데! 아, 어차피 고장 나서 그 정도밖에 열 수 없는 상태였다.

두 시간이나 달렸을까? 나중에는 실소가 터져 나왔다. 집에서 맨발로 다니다가 식탁 다리나 농문에 발가락 끝을 찌었을 때처럼 속상한데 웃음이 났다.

운행을 시작한 지 세 시간 가량 지났을 때 뒷자리에서 자꾸 헛구역질 소리가 들렸다. 중학생 쯤 되어 보이는 여자아이가 속이 메스꺼운지 당장이라도 토사물을 뿜어낼 것 같은 모습을 자꾸 보여서 가지고 있던 비닐봉지를 주려고 다가갔다.

그런데 나의 비닐봉지가 도착하기 전에 소녀는 토사물을 내뿜기 시작했고 나는 필사적으로 봉다리에 그 토사물을 받아 내었다. 그 여자아이는 봉다리에 머리를 넣으려는 것인지 필사적으로 뿜어내었고 나도 으악 으악! 소리지르며 끝까지 다 받아 내었다.

정말 식겁하는 순간이었다. 디스코 팡팡에서 텀블링을 하는 사람은 본 적이 있는데 디스코 팡팡에서 토사물을 받아 내는 경우는 보지 못했더랬다. 라오스의 무더위 속을 달리는 덜컹이는 버스 안에서 현지인의 토사물을 받아 낸 대한민국 사람이 나 말고 또 있을

!

라오스의 무더위 속을 달리는 덜컹이는 버스 안에서
현지인의 토사물을 받아 낸 대한민국 사람이 나 말고 또 있을까?

까? 아, 그 언젠가 이 길을 지나친 선배 선교사님들은 수도 없이 이들 속에서 쏟아지는 것들을 받아 내었으리라. 그들 역시도 밴을 거부했을 것이다.

그런데 네 시간 가량 달리던 버스가 쉰 방귀 끼는 소리를 내며 마침내 멈춰버렸다. 기사님이 뭐라고 뭐라고 하자 남자들만 모두 내렸다. 영화처럼 다 같이 버스를 밀어야 하나 싶어서 팔을 걷어붙이고 내렸는데 아니, 남자들이 깔때기에 소변을 모으고 있었다. 엔진 냉각수를 대신할 소변을 만드는 중이었다.

과거 임진왜란 당시 임진강 전투에서도 기관총을 식히는 냉각수가 다 증발되자 상사가 병사들의 소변을 모아 냉각수로 사용했다고 하는데 딱 그 짝이었다. 나도 라오스 남자들 틈에 끼어 소변을 헌납하였다.

냉각수 응급처치를 끝내고 다시 버스에 탔는데 이번에는 버스 맨 뒷자리에서 질질질 물이 세어 운전석까지 흐르고 있었다. 이제 문제는 더위가 아니라 냄새였다. 버스의 맨 뒤쪽은 짐칸으로 사용했는데, 오만 잡것을 닥치는 대로 얹어 놓은 짐들은 언덕이 되어 있었다. 언덕의 정상에는 얼음과 생선을 함께 포장한 박스가 있었는데 급기야 그 박스에서 물이 새고 있는 상황이었다.

정말 힘겨운 운행이었다. 생선 비린내가 섞인 물이 흐르는 에어컨 부재의 버스는 40도에 육박하는 날씨의 비포장도로를 달려 낮은 포복 자세로 방비엥에 도착하였다.

버스에서 내려 숙소를 찾아가는 길, 엉덩이며 허리며 목이며 온몸이 너무 아파서 엉거주춤하며 걸어야 했지만 후회하지 않았다. 짧은 시간이더라도 현지인들이 타는 버스를 타고 그들의 삶에 조금은 동화될 수 있었다는 만족감이 느껴졌다.

숙소를 얻어 쓰러지듯 잠이 들었다가 일어나 늦은 점심 식사를 하러 나갔다. 숙소 주인아저씨가 맛집을 소개해서 그리로 발길을 옮겼는데 역시 유명한 집인지 외국인 여행자들이 한껏 모여 있었다.

그런데 내 자리 반대쪽 테이블에서 낯익은 얼굴이 반갑게 인사를 건네었다. 새벽에 비엔티안 버스터미널에서 만났던 그 백인 여행자였다. 함께 있는 사람들은 밴을 타고 온 무리라고 했다. 에어컨이 빵빵한 여행자 식당 안에서 왁자지껄 웃으며 맥주를 마시는 그들을 보니 왠지 마음이 놓였다.

나는 저들이 보지 못한 것을 보았고 저들이 경험하지 못한 라오스를 경험했다. 그들이 알 턱이 있나, 풍경을 볼 수도 없게 검은 선탠으로 가려진 창문 안에서 편안한 잠을 자고 일어났으니 내가 경험하고 감상한 것을 알 수 없으리라. 그들이 라오스를 보았다면 나는 잠시 라오스에서 살았다.

하나님께서는 우리와 살기를 원하셨다. 인간을 관찰하는 것이 아니라 인간으로 사셨다. 단순한 만남이 아니라 삶으로 살기 위해 인간사에 오셨음은 우리에게 복음이다. 우리와 동화되셨기에 하나님께서 우리를 알고 계신다는 사실은 참 기쁨이다. 예수의 땅에 오심은 우리 선교사들의 첫 번째 선교 모델이다.

7시간의 현지 버스를 타고도 밴과 다른 것을 느끼거늘, 삼십 해를 목수로 사시는 동안 이루신 깊은 동화는 찬양받으시기 합당하다. 우리의 인생이 광야를 힘겹게 걷고 있을 때 주님은 선탠 발린 밴을 타고 지나치지 않으신다. 그는 우리 곁에서 함께 땀을 흘리며 광야를 함께 걸어가신다. 우리의 토사물을 받아 내시고 소변 냉각수 모으는 일에도 참여하신다.

할렐루야. 나를 관찰하기 위함이라면 밴을 타고서 하늘에서 지켜보시면 될 것을 주님은 나와 살기 위해 내 곁에 오셨다!

!

질 좋은 믿음의 그릇이 되겠다

독일
[Germany]

우박이 그치나 싶더니 맑은 하늘에서 비가 내렸다. 도대체 이게 무슨 상황이란 말인가? 그림자가 딱 떨어지도록 맑은 하늘에서 비가 내렸다.

저 멀리에서 내리는 비를 대기 높은 곳의 돌풍이 몰고 온 현상인데 우리나라 말로는 '여우비'라 부른다. 여우를 사랑한 구름이 여우가 시집을 가는 바람에 눈물처럼 흘리는 비라는 뜻이다. 언뜻 들어도 참 동화적 발상이다. 독일 하늘에서 동화적 여우비라니.

사진을 공부하던 대학 시절, 내게 독일의 이미지는 첨단과학의 나라였다. 모든 인류의 사진 도구 출처는 단연 독일이었기 때문이었다. 나뿐만 아니라 독일제라고 하면 그 공학의 최고 권위가 입증되어 있었다. 그러나 예상 밖으로 독일에 도착한 나를 맞아주는 것은 첨단과학이 아니라 동화 속 여우비였다.

한때 독일을 동독과 서독으로 나누던 분단의 상징 베를린 장벽을 보기 위해 핸들을 돌렸다. 포츠담 광장 근처에 주차를 하고 광장 내의 베를린 장벽이 있던 자리에 가 보았다. 그곳에는 몇 개의 장벽 조각을 철거하지 않고 남겨 관광지로 꾸며 두었다.

근처 도로에는 장벽이 설치되어 있었던 분단의 자리를 블록으로 명확하게 표기한 것이 눈이 띄었다. 이 일대의 베를린 장벽이 어떤 형태로 설치되어 있었는지 한눈에 알 수 있게 조성한 것이 인상적이었다.

사람들은 장벽이 있던 자리를 자연스럽게 건너 다녔는데 그 모습을 보자니 가슴이 뭉클했다. 우리나라 휴전선처럼 한때는 건널 수 없던 선을 아무렇게나 건너는 독일인이 부러웠다.

전체적인 분위기는 설치 예술품을 보는 듯한 느낌이었는데 흉측할 수 있는 거대한 분단의 돌판을 예술품 형태로 보존한 독일인들의 지혜가 감탄스러웠다. 그러나 이렇게 멋지게 보존되고 귀감이 되는 독일의 통일은 예상 밖으로 우연한 기회에 이루어진 쾌거였다고 전해진다.

1970년, 민주주의 진영인 서독의 총리 빌리 브란트가 공산주의 진영인 폴란드의 유대인 학살 저항투사 추모지에서 무릎을 꿇어 사과함으로써 세계의 판세는 더욱 민주주의로 기울어 갔다. 뿐만 아니라 빌리 브란트의 서독은 세계평화를 위해 동유럽의 공산주의 국가들과도 평화협정을 맺어 나갔고, 서독과 국경을 마주한 주변 공산국가들은 여행 목적으로 서독을 방문할 수 있게 되었다.

우리나라 분단과 마찬가지로 동독과 서독에도 생이별한 이산가족이 많았는데 급기야 동독 주민들로부터 서독으로의 여행 자유화를 요구하는 시위가 터지면서 사태가 심각해졌다. 수정 작성된 해외여행 규정을 발표하게 된 동독 공산당 대변인 샤보브스키는 휴가에서 마신 술이 덜 깼었던지 세계 각국의 기자들이 모인 자리에서 서류를 대충 떨떠름하게 넘겨보더니 수정사항을 '여행 개방'으로 짧게 선포해 버렸다.

회견장이 술렁이고 '여행 개방'을 '국경 개방'으로 알아들은 한 이탈리아 기자가 물었다.

"국경 개방은 언제부터입니까?"

갑작스러운 질문에 확실히 술이 덜 깬 듯한 표정의 동독 대변인은 말했다.

"지금 즉시."

일이 풀리려고 그랬는지 외신들은 이 소식을 '여행 개방'이 아닌 '국경 개방'으로 오역 오보하기 시작했고, 이 상황을 TV로 지켜보던 독일 국민들은 베를린 장벽으로 일시에 모여들었다. 말실수가 발화하여 장벽은 무너지고 통일이 거짓말처럼 이루어졌다.

생이별을 한 가족을 만나기 위해 장벽으로 뛰어가는 독일인의 눈물은 여우비였을 것이다. 기쁨이 넘치는 맑은 하늘에 환희의 눈물을 흘렸을 테니까 말이다. 독일의 통일은 실제로 여우비처럼 동화 같이 혹은 우연히 이루어졌다. 그러나 이 통일은 오랜 시간 준비되어 왔기에 가능했던 것이라고 역사는 기억한다.

민주주의 진영 서독의 총리 빌리 브란트는 독일의 통일이 유럽평화의 시작이라 믿었고 나아가 세계평화의 시작이라 믿었다. 그랬기 때문에 유대인 학살 저항투사 추모지에서 무릎 꿇어 사과하고 어렵게 평화협정을 꾸려나갔다.

독일 주민들의 통일에 대한 염원 또한 간절했다. 서독 주민들은 가능한 매체를 통해 동독 주민들에게 통일 열기를 부추겼고, 동독 주민들은 이에 통일을 위한 시위대까지 결성했다. 결정적으로 말실수와 오역과 오보를 통해 동화처럼 이루어진 통일이었다 하더라도 정부와 주민의 통일에 대한 일치된 염원이 통일을 받아낼 그릇이 되었던 셈이다.

여우비가 아무리 동화 같은 비라고 해도 다른 지역에서 내리고 있는 비를 대기 높은 곳의 돌풍이 옮겨 오는 분명한 대기 현상으로 설명할 수 있듯, 독일의 통일은 우연한 것 같지만 분명한 노력과 이유가 존재하는 사건이었다.

혹자들은 독일의 통일을 우연한 사건이라 말하지만 사학은 그들의 통일을 독일인다운 냉철한 계획을 기반으로 이룬 성과라고 기억한다. 때문에 독일의 통일은 여전히 우리 한반도의 통일을 계획하는 좋은 교사가 되고 있다.

!

개신교 목회자인 내게 루터의 도시 비텐베르크는
실로 놀이동산 같은 곳이었다.
마을 전체가 책을 통해서 보아오던 종교개혁의 현장이었으니
나는 정말이지 솜사탕을 들고 뛰는 꼬마처럼 비텐베르크를 신이 나서 누볐다.

독일여행을 통해 좋은 믿음의 그릇으로 준비되어야겠다는 다짐을 하게 되었다.
언젠가 일어날 동화 같은 부르심을 받아 내기 위해서
나는 질 좋은 믿음의 그릇이 되어야겠다!

우리는 독일의 수도 베를린을 떠나 종교개혁의 발상지라 불리는 개신교의 수도 비텐베르크로 이동하였다. 비텐베르크에서 우리가 묵었던 숙소의 지배인은 산타처럼 생긴 20대 젊은 여자였다. 물론 산타를 본 적은 없지만 산타에게 딸이 있다면 아마 딱 그 모습이었을 것이다.

백곰처럼 커다란 덩치에 고운 피부를 가진 그녀는 인자한 태도로 우리에게 숙소 숙지사항을 말해 주었다. 그녀는 우리를 마치 아이 다루듯 조심스럽게 대했다. 비텐베르크의 지도가 있냐고 물어보자 우리 일행 세 명에게 각각 지도 하나씩 손 안에 정성스럽게 안겨주었다.

비텐베르크의 서쪽으로 놓인 우리 숙소는 노을이 지면 그야말로 그림이 되는 집이었다. 그 석양 때문인지 아니면 숙소 지배인 때문인지 아무튼 비텐베르크의 느낌은 포근하고 따스했다.

나는 마치 어린 시절로 돌아간 것 같았다. 신이 나서 뛰놀던 놀이동산에 온 기분이었다. 개신교 목회자인 내게 루터의 도시 비텐베르크는 실로 놀이동산 같은 곳이었다.

마을 전체가 책을 통해서 보아오던 종교개혁의 현장이었으니 나는 정말이지 솜사탕을 들고 뛰는 꼬마처럼 비텐베르크를 신이 나서 누볐다.

비텐베르크는 내 정체성의 고장이었고 비텐베르크로의 여행은 고향으로 떠나는 회기의 여행이었다.

1517년 10월 31일, 루터가 교황의 잘못에 대해 95개조의 반박문을 걸었던 비텐베르크 교회 정문을 마주했을 때는 알 수 없는 만감이 교차되었다. 아닌 것을 아니라고 말할 수 있는 병적인 용기가 내게 전이되는 것 같았다.

아, 진정 어떤 역사가 펼쳐질지 알지 못했던 20대 청년 루터는 단지 불의를 인정할 수 없음이 전부였다. 그 거룩한 분노가 느껴지는 것 같았다.

나는 얼마나 거룩하게 분노하고 사는가. 그 문 앞에서 나의 마음은 내가 개신교인이라는 자부심과 나 같은 것도 개신교인이라는 부끄러움이 이종격투기 하듯 싸웠다. 루터 자신도 그랬던 것으로 기록되고 있다. 옳은 길로의 정진과 두려움간의 싸움이 그 안에 언제나 공존했다.

1521년 4월 루터는 마침내 보름스회의 종교재판에 회부되어 자신의 신학을 철회할 것을 요구받지만 당일에 바로 대답을 하지 못하고 하루 동안 생각할 시간을 달라고 요청한다. 하루 동안 옳은 길로의 정진과 두려움 간의 싸움을 감당한 루터는 다음날이 되어서야 비로소 저 유명한 연설을 하였다.

루터가 쓴 책들을 증거물로 늘어놓고서 심문관이 물었다.

"간단히 대답하라! 95개조 반박문과 당신이 저술한 책들과 그 안에 있는 잘못된 점들을 취소하겠는가, 못하겠는가?"

"나의 양심은 하나님의 말씀에 붙잡혀 있습니다. 저는 취소할 수도 없고 취소하지도 않을 것입니다. 양심에 반하여 행동하는 것은 지혜로운 일이 아니요, 또 안전하지도 않습니다."

루터의 말은 자기 생명의 권한을 주께 양도하는 것으로 끝난다.

"저는 여기 서 있습니다. 저는 달리 행동할 수 없습니다. 하나님, 저를 도와주소서! 아멘!"

신성로마제국 황제이자 독일 왕인 카를 5세는 독일어가 유창하지 않았다. 카를 5세는 루터가 이야기한 것에 대해서 자신이 알아들은 것이 맞는지 심문관에게 물었다.

"루터가 지금 로마교황청의 공의회가 틀렸다고 말한 겁니까?"

심문관 대신 루터가 라틴어로 대답하였다.

"예."

내가 루터를 사랑하는 이유는 그가 언제나 이기는 유능한 사람이어서가 아닌 하나님 없이는 이길 수 없는 유약한 사람이었기 때문이다. 그는 진정 하나님의 도우심 없이는 승리할 수 없는 사람이었다.

루터가 비텐베르크 교회 첨탑을 보고 영감을 얻어 만들었다는 찬송가 585장 '내 주는 강한 성이요'에는 그가 스스로 부족함을 토로하며 주를 의지함이 잘 나타나 있다. 그는 이 찬양곡에서 이렇게 고백한다.

"내 힘만 의지할 때는 패할 수밖에 없도다. 힘 있는 장수 나와서 날 대신하여 싸우네. 이 장수 누군가 주 예수그리스도 만군의 주로다. 당할 자 누구랴 반드시 이기리로다.(찬송가 585장 2절)"

그는 유약했으나 예수로 말미암아 강한 이였다. 아멘.

비텐베르크 교회뿐만 아니라 루터가 살았던 집, 루터의 동역이자 루터교의 조직신학자 멜란히톤이 살았던 집과 루터의 설교단이 남아 있는 마리아 교회까지 비텐베르크를 거니는 동안 나는 벌어진 입을 다물 수 없었다.

루터가 살던 집을 꾸며 만든 루터 박물관에는 루터가 사용했던 500년 된 집기들도 있었다. 그중 보존도가 높은 루터의 맥주잔을 보았을 때 나도 모르게 침이 꼴깍 넘어갔다.

그는 잔을 들고 동료개혁가들과 대체 어떤 이야기를 주고받았을까? 루터가 식사하고 잔을 나눌 때 했던 이야기들은 멜란히톤을 포함하는 그의 추종자들의 열심 있는 기록으로 인해 『탁상담화』라는 문헌으로 남아 있다.

『탁상담화』를 읽으면서 그 탁상에 앉아 있는듯한 착각을 하곤 했었는데 박물관에는 『탁상담화』가 이루어진 실제 그 탁상도 있었다.

루터의 탁상을 만져 보았다. 그 탁상에서 턱을 괴고 끝도 없이 고뇌했을 그를 생각했다. 그는 선행으로 구원을 얻는 것이 아님을 주장하였고, 교황도 주님의 성도일 뿐임을 주장하였고, 돈으로 구원을 살 수 없음으로 면죄부 판매를 중단해야 한다고 주장하였다.

또한 우리 모두는 제사장으로서 예수그리스도를 직접 만날 수 있기에 신을 대리하는 성직은 필요 없음을 주장하여 스스로 성직을 거부하였고, 구원은 한 인간의 의로움 때문이 아니라 의롭게 바라봐 주시는 주님의 은총으로 시작되는 것임을 주장하였다. 성경이 모든 언어로 번역돼야 함을 주장함으로써 라틴어의 신성을 부정하기도 하였다.

이 모든 주장은 로마가톨릭의 교리와 권위에 정면으로 도전하는 것이었으니 항목마다 사형에 준하는 주장이었다. 그러나 루터는 처음에 반박문을 만들 때만 해도 이렇게 일을 크게 만들 요량이 아니었다고 전해진다.

루터가 종교개혁의 아이콘으로 자리잡게 된 것은 독일의 통일처럼 우연이라는 것이 종교사학의 정설이다. 그 증거로 루터가 라틴어로 반박문을 만들었다는 점이 제시된다. 만약 군중을 장악할 생각이었다면 처음부터 독일어로 반박문을 만들었을 것이다.

그는 교황과 로마교회의 성경적이지 못한 실수에 대해서 성직자들만 볼 수 있는 라틴어 반박문을 개시했었다. 이 라틴어 반박문은 루터의 추종자들에 의해서 루터의 허락 없이 독일어로 번역되어 뿌려지게 되었다.

스승을 닮은 제자들이라 그런지 목숨을 내어 놓기가 일반화된 비텐베르크였다. 이렇게 해서 루터의 개신교 사상은 일파만파 전국과 온 유럽의 민중에게 퍼져 나가게 된 것이다. 루터 자신도 개신교의 시작을 위하여 반박문을 붙인 것이 아니었으니 결과적으로 종교개혁 또한 여우비같이 동화처럼 시작된 것이 맞다.

그러나 독일의 통일이 여우비 같아 보여도 분명한 성공 요건들이 존재했듯 종교개혁에 대해서도 이 여우비 같은 동화적 스토리가 성공할 수 있었던 요인들이 존재한다. 정부와 민간의 통일에 대한 일치된 염원이 우연한 독일 통일을 담는 그릇이 된 것처럼 이 종교개혁을 담을 그릇도 준비되어 있었다.

첫째, 루터의 우연한 종교개혁은 인쇄술을 통해 폭발적으로 전이되었다. 인쇄술이 없었다면 루터의 개혁은 실패했을 가능성이 높았다. 루터 이전에도 로마교회의 과오를 질타하는 개혁의 움직임은 많았지만 그 움직임은 한 도시 내의 움직임에 지나지 않거나 한 신학교 내의 움직임일 뿐이었다.

면죄부 반대와 자국어 설교에 대해서는 이미 100년 전부터 체코의 얀 후스나 영국의 존 위클리프가 목숨을 걸고 외치고 있었다. 그러나 그때는 인쇄술의 보급이 미흡했던 때라 한 도시 혹은 신학교에서만 이들의 사상을 접할 수 있었다. 인쇄술의 보급으로 인한 문서 콘텐츠의 생산은 유럽 전역으로 루터의 외침을 온천 터지듯 뻥하고 터뜨렸다.

둘째, 로마교황청의 악의적인 모습을 바꾸고 싶은 성도들의 염원이 곧 종교개혁의 배경이 되었다. 얀 후스와 존 위클리프 때의 성도들과 100년 후인 루터 때의 성도들은 다른 수준의 성도들이었다. 바야흐로 루터가 살던 16세기는 인간의 존엄성이 중시되는 르네상스 시대로 진입한 때였다.

이전 세기의 신 중심 사회에서는 신께서 선택하셨다는 라틴어 외에 다른 언어로 성경을 번역하거나 읽으면 사형을 면할 수 없었다. 그러나 르네상스로 진입하면서는 인간이 성경을 읽고 이해할 수 있

!

어야 한다는 사고가 확산된 것이다.

루터 때의 성도들도 자신들이 읽을 수 있는 성경을 원했다. 1522년 루터는 사형을 감수하며 독일어로 만들어진 신약성경 『9월 성경』을 출판했는데 이때 3,000부가 팔려 나갔다. 라틴어 외의 성경을 소지하거나 읽으면 사형이었던 당시 목숨을 걸고 이 성경을 손에 넣은 사람의 수가 3,000명이나 되었다.

1인 1성경이 아니었을 것이 분명했던 때 독일어로 된 성경을 읽은 일반 성도의 수는 실로 셈할 수 없는 숫자였을 것으로 추정된다. 그로 인해 로마교황청의 억압과 횡포가 전혀 성경적이지 않다는 것을 일반 성도들도 알게 되었다.

성경을 알게 된 성도들은 로마교황청으로부터 분리되고자 하는 염원을 품고 스스로 개혁의 주역이 되어 갔다. 또한 이들은 성령의 불에 휩싸여 보름스 종교회의에서 루터처럼 목숨을 주께 의탁하고 옳은 길을 가기 위해 결단하였다.

독일여행을 통해 좋은 믿음의 그릇으로 준비되어야겠다는 다짐을 하게 되었다. 언젠가 일어날 동화 같은 부르심을 받아 내기 위해서 나는 질 좋은 믿음의 그릇이 되어야겠다!

우연하게 일어난 독일 통일을 받아 내었던 그릇처럼, 우연하게 일어난 종교개혁을 받아 내었던 그릇처럼 주님께서 부르시고 명하시면 그 명을 받아낼 수 있는 준비된 그릇이 되고 싶다.

오병이어 사건을 살펴보자. 오병이어를 드린 소년은 단지 자신의 몫인 도시락을 잘 준비했을 뿐이다. 그가 자신의 것을 성실하게 준비하였고, 그것을 드릴 믿음이 완성되었을 때 기적은 주를 통하여 이루어졌다.

!

Lord
on the
Road

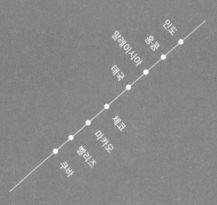

인도

홍콩

말레이시아

태국

제코

마카오

벨리즈

쿠바

죄란 무엇일까

인도
[India]

 힌두인의 성지 바라나시. 힌두인들의 어머니라는 갠지스강에는
24시간 내내 화장된 시체가 떠내려가고 있었다. 혼탁한 강물의 색
을 보니 그들의 어머니는 몸살 중이었다. 바라나시에서는 무엇보다
냄새를 견디기 힘들었다. 곳곳을 지날 때마다 시큰거리는 소변 냄
새 때문에 만일 여행이 방송을 보는 것과 같다면 당장 채널을 돌려
버리고 싶은 지경이었다.

 그런데 채널을 돌리듯 고개를 돌리고 또 돌려도 거기서도 저기
서도 불쾌한 냄새가 난다면 티브이를 꺼버릴 일이지만 현장에서는
티브이를 꺼버리듯 눈을 질끈 감아도 냄새는 계속 되니 어쩔 도리

가 없었다.

그러나 바라나시에서 괜스레 인상을 찌푸리게 되는 것은 비단 그런 이유 때문만은 아니었다. 낮은 카스트(인도의 신분 계급)의 주검들은 돈이 없어서 장작을 많이 구입하지 못한 탓에 반쯤 타다 말고 떠내려가고 있었다.

그래도 그 시체들은 강을 타고 떠내려가기라도 하지만 바라나시 곳곳에는 가족도 돈도 없어서 태우기는커녕 단지 싸구려 천 쪼가리에 돌돌 말린 시체들이 널려 있기도 했다. 시체가 길에서 아무렇지 않게 썩고 있다니 기묘한 풍경이 아닐 수 없었다.

이런 가난한 주검을 화장할 모금활동이 곳곳에서 이어지고 있었고 모금활동가들이 내게 선전하기를, 이 모금활동을 통해서 선행하면 나도 다음 생애에는 최고 계급인 브라만(제사장 계급)으로 태어날 수 있단다. 브라만이 되고 싶지 않았지만 약간의 돈을 주었다. 너무 많은 주검들이 아무렇게나 널브러져 있기 때문이었다.

그 와중에 소가 지나가다가 나를 밀치기에 주검을 밟을 뻔했다. 그러나 절대로 소를 흘겨보거나 소리 내어 나무라면 안 된다. 힌두인들은 소 또한 어머니의 환생이라고 믿기 때문에 적어도 이곳 바라나시에서만큼은 주의해야 한다. 정신이 하나도 없었다. 노점에서 파는 커리와 사방에 방치된 가축들의 배변이 똑같아 보였다.

언제 다가왔는지 신경질적인 영어로 쏟아대는 짜이 왈라(짜이-차, 왈라-장사꾼)가 내게 호객 행위를 했다.

"짜이! 짜이!"

한눈에 보기에도 짜이에는 불순물이 많이 떠 있었다. 대체 무슨 짜이냐고 묻고 나서 나는 구역질을 했다. 왈라가 갠지스강을 가리켰기 때문이다. 시체를 태워 떠나보내는 강물을 떠다가 짜이를 만들어 파는 것이었다.

그는 놀라울 만큼 천진한 얼굴로 웃으며 자신의 짜이는 어머니의 젖으로 만든 짜이라고 자부했다. 갠지스강이 어머니로 통하는 곳이기에 그의 말도 일리는 있으나 나는 젖 뗀 지 삼십 해가 넘었으니 마시고 싶지 않았다.

짜이 왈라 역시 그 시체 물로 만든 짜이를 마시면 내 다음 생의 카스트에 도움이 될 것이라는 말을 잊지 않았다. 도대체 이 카스트제도가 얼마나 강력한 등급제이기에 시체를 우려낸 물까지 마셔가며 간절해야 하는 것인지 궁금했다.

학창 시절, 우리나라 양반제도를 인도의 카스트제도와 비교하는 수업을 들은 기억이 있는데 그냥 단순히 신분제려니 했다. 그러나 실제로 카스트제도는 사대주의를 기반으로 하는 양반제도와 윤회 사상을 한데 묶어 놓은듯 무척 실존적인 동시에 영적이었다.

나는 짜이 왈라에게 이 동네 가장 높은 브라만이 어디에 있는지 정보를 달라고 했다. 그랬더니 짜이를 사면 말해주겠단다. 짜이 값을 지불하고 정보를 얻었다. 그는 강어귀에 세워진 초등학교 구령대처럼 생긴 촌스러운 건물을 가리키면서 그곳에 가면 경찰도 건드리지 못하는 패밀리가 있다고 했다. 그 천진한 얼굴도 최고 계급 브라만들이 있는 곳을 가리킬 때만큼은 잔뜩 상기된 얼굴이었기에 궁

?

더러움, 그것은 바라나시의 시큰한 소변 냄새도 아니고
불쾌한 주검들도 아니고 혼탁한 갠지스강도 아니었다.
더러운 것은 교만에 사로잡혀 긍휼을 잃어 가고 있는 나 자신이었다.

금증은 더욱 증폭되었다.

로마에 가면 로마의 법을 따르라 했으니 나도 구령대 앞에서 옷매무새를 다듬어 예를 갖추었다. 만약 이곳이 한국이라면 동네의 큰 어르신들을 만나는 것과 같은 것이라고 생각했다.

구령대에 올라보니 그곳에는 다양한 연령의 브라만들이 모여 거드름을 피우고 있었다. 강에서는 낮은 계급의 주검들이 장작을 구하지 못해서 썩어가고 있는데 그들은 머리에 기름칠을 하고서 시답잖게 낄낄거리고 있었다. 한눈에 보기에도 브라만의 임무인 제사에 대한 진심은 없는 무리였다. 신을 빌미로 자신의 배를 채우는 사람들은 아닐까 실눈을 뜨게 되었다.

나는 먼저 합장하고 정중하게 영어를 할 줄 아는 사람이 있는지를 물었다. 그러자 중학생 정도 되어 보이는 앳된 얼굴의 브라만이 손가락을 까닥이며 말했다.

"싯 다운."

이들에게 외국인인 나는 카스트 하위 중에서도 최하위 계급으로서 매우 천박한 계급이다. 때문에 그들은 턱을 높이 쳐들고 처음 만난 외국인을 내려다보았다.

내가 앉아 있는 동안 낮은 계급의 사람들이 수없이 올라와 넙죽넙죽 인사를 하고 내려갔다. 힌디어를 알아들을 수는 없었지만 그들은 강에 떠내려 보낼 꽃 한 송이라도 살 수 있도록 브라만들에게 돈을 원하는 것 같았다.

도대체 이해할 수가 없었다. 제사를 관장하는 브라만들이라면 하

?

층민의 합장에 다가가 돈은 주지 못할 망정 기도를 해주거나 위로를 해주거나 하다못해 힌디식으로 이마에 뭐라도 찍어 발라 줘야 할 것이 아닌가?

구령대 위의 그들은 하층민들의 간절한 마음을 귀찮아하며 손을 휘휘 저어 떨쳐내려 했다. 혹시 당신들 중에 누가 가장 높으냐고 물어 보니 일제히 한 청년을 가리켰다. 딱 보기에도 그의 분위기는 저 아래 강에서 흔히 볼 수 있는 힌두인들의 느낌이 아니었다. 구령대 위의 사람들 사이에서 그 위풍의 당당하기가 큼지막했다.

그는 반듯한 눈을 하고서 잘 다려진 카키색 셔츠를 입고 있었다. 가부좌를 틀고 앉아 허리를 곧게 세운 그였다. 두 팔은 아주 늠름하게 뻗어 있었고 두 주먹은 두 무릎 위에 강직하게 놓여 있었다. 한쪽 손목에는 그의 부를 상징하듯 손목시계 하나가 채워져 있었다.

나는 왠지 그의 위풍당당함에 매료되어 사진으로 남겨 두고 싶다는 생각이 들었고 정중히 청하여 사진을 찍었다. 그런데 찍어 놓고 보니 그의 모습이 왠지 낯설지 않았다. 누군가와 참 비슷해 보였는데, 그 사진 속에서 보이는 것은 다름 아닌 나였다. 실은 내가 한국교회 안에 존재하는 보이지 않는 카스트제도의 브라만이었다.

말이야 바른 말이지, 주님의 말씀을 설교한다는 구실로 성도들의 상처에 대해서 함께 아파하기 보다는 주께서 함께하시는데 무슨 호들갑이냐는 식으로 깔보기가 부지기수였다. 선교사이기에 더욱 섬겨야 함을 잊고 더욱 섬김을 받으며 우쭐했던 기억들이 사진 속의 브라만과 겹치듯 스쳐 지나갔다.

사진에서 풍기는 교만함의 역한 냄새가 나의 것이라고 생각하니 떨떠름한 구역질이 목구멍 어귀에서 맴돌았다. 바라나시에 도착한 후로 냄새가 어떻고 동물 배설물이 어떻고 하며 더럽고 역겨운 것들에 대해 잘도 왈가왈부했지만 가장 지저분한 것은 내가 아닌가 생각해 보았다.

구령대 위의 브라만들이 나를 천박히 여기는 것과 같이 나도 누군가를 영적으로 천박히 여기며 살아온 터였다. 나와 다르거나 반대되는 성향의 기독교인은 마치 기독교인이 아닌 것처럼 터부시하기도 하였다.

나 역시 주님의 불가항력적인 성령의 임재를 경험한 일이 수차례나 되면서 누군가 논리와 신학을 벗어나 성령의 신비만을 표현하려들면, 그 마음에 서린 하나님을 향한 사랑을 보지 못하고 성령의 임재를 마술 보듯 즐기지 마시라고 쏘아붙이기도 하였다.

한 번은 자신의 가게가 성공을 거둔 것이 하나님의 은혜라고 고백하는 한 성도에게 그럼 망한 사람들은 하나님의 벌을 받고 있는 중이냐고 그 고백을 나무랐었다. 세상의 많은 실패자들도 하나님께서 사랑하신다며 하나님의 사랑을 싸구려 신파극으로 전락시키지 말아달라고 떠들었다.

그는 단지 자신의 성공을 주께 드리고자 했던 것이지 실패자들을 손가락질 할 생각은 없었을 텐데 후회가 된다. 내가 알면 얼마나 알아서 그들의 사랑을 이렇다 저렇다 판단하고 손가락질을 했단 말인

?

가. 담배를 끊은 지 수 해가 지나갔는데 나의 검지는 누렇다. 니코틴보다 해로운 교만의 추태가 나의 검지에 여전히 서려 있다.

숙소로 돌아가는 길, 여기저기 아무렇게나 놓인 가축의 배설물과 내가 다를 바 없다고 느껴졌다. 내 세상인 줄 알고서 부끄러운 것도 모르고 여기저기 아무렇게나 갈겨 놓은 꼴이 딱 내 모습 같았다.

교만은 마치 부끄러운 줄 모르고 역한 내를 풍기며 존재감을 만방에 자랑하는 배설물과 같다. 오물이라면 가히 자신의 냄새를 감추려고 애를 쓸 일인데 오물은 오물일수록 자신의 냄새를 더욱 전하려고 애를 쓴다. 그 모습이 마치 교만과 같다.

이것이 비단 나만의 모습일까? 경중의 차이는 있겠으나 기독교인들은 복음을 얻고 구원을 받았다는 이유로 기고만장하게 우쭐거리기가 풍년이다. 하지만 예수 닮기는 기근이라서 예수가 성경에서 만났던 부정한 사람들을 도통 만나지 못한다.

복음을 들고 더러운 곳에 가서 복음을 전하랬더니 복음을 들고 더러운 곳을 욕하느라 정신이 없어진 우리네 기독교 신앙은 제 몸이 썩는 줄도 모르고 예수의 시선이 머물렀던 곳에 교만한 검지를 빳빳하게 들고 작렬 중이다.

하루는 갠지스강을 거니는데 힌두교의 수도승인 사두가 다가와 사진을 함께 찍자고 했다. 사진을 함께 찍고 나니 5달러의 팁을 요구했다.

바라나시는 잘 알려진 대로 신의 도시다. 인도에서 정말 힘겨운 운행이었다. 공식적으로 인정하는 힌두 신의 수가 3억 3천인데 인도 전역에서 각종 신을 섬기는 수많은 사람들이 자신의 제사를 하기 위해서 힌두의 성지 바라나시로 모인다.

바라나시에는 행자의 삶을 살기로 작정하여 몰려든 사두가 500만 명에 다다른다고 한다. 카스트가 아무리 엄격하여도 사두에게는 계급이 없다. 사두의 법칙을 따른다면 어떤 계급이라도 사두가 될 수 있다. 그러나 바라나시 사두에는 두 종류가 있다.

진정 행자의 삶을 살며 신의 뜻을 알고자 수도를 하는 사두가 있는가 하면 사두의 꼴을 하고 여행객들과 사진을 찍고 모델료를 받아 살아가는 생계형 사두들이 있다. 사두의 행색이란 것이 그 자체로 충분히 이색적이기 때문이다. 얼굴 혹은 전신에 흰 분칠을 하고서 주황색 누더기를 걸친 채 기다란 지팡이를 든 그들은 바라나시의 마스코트이다. 랜드마크인 갠지스강을 배경으로 사두와 함께 사진을 찍었다면 진정 바라나시를 카메라에 담은 것이 된다.

이렇듯 종교 상품이 되어 팔려나가는 사두의 모습을 찍어 놓고 들여다보니 아뿔싸, 거기에 또 내가 있었다. '더럽다, 불쾌하다' 하며 사진을 찍으면 꼭 내가 보이는 바라나시였다. 우리는 줄곧 눈에 보이는 더러운 것들을 손가락질하지만 정작 더러운 것은 언제나 내 안에 있는지도 모른다. 이미 그 더러움이 무엇인지 너무 잘 알기 때문에 우리는 더러움 앞에서 기겁을 하며 도망치려고 애쓰는 게 아닐까?

내게 돌 지난 아들이 하나 있는데 걸음마를 시작하면서 쓰레기통

?

을 자꾸 뒤진다. 조용하다 싶으면 영락없이 쓰레기통 앞에 있다. 나는 그럴 때마다 달려들어 아들을 말리지만 아들은 영문을 모르겠다는 표정으로 나를 응시한다. 아들은 쓰레기통이 더럽다는 사실을 모른다. 아들의 마음에는 궁금함이 있다. 그래서 눈에 뵈는 모든 것이 궁금함의 대상이 되어 있다.

생각이란 씨앗 같아서 인간의 마음에 품은 생각이 무엇이냐에 따라 그 인간에게서 나타나는 것이 달라진다. 내 속에 만약 긍휼이 있다면 모든 것을 긍휼하게 볼 수 있을 것이다. 주님은 나의 더러움을 경멸의 눈이 아닌 긍휼의 눈으로 보셨기에 내게 오셨다. 새삼 마태복음 15장 11절 말씀이 새삼 와닿는다.

입으로 들어가는 것이 사람을 더럽게 하는 것이 아니라 입에서 나오는 그것이 사람을 더럽게 하는 것이니라 _마태복음 15장 11절

내 눈에 보이는 더러움은 내게서 나온 것들이었다. 더러움, 그것은 바라나시의 시큰한 소변 냄새도 아니고 불쾌한 주검들도 아니고 혼탁한 갠지스강도 아니었다. 더러운 것은 교만에 사로잡혀 긍휼을 잃어 가고 있는 나 자신이었다.

사두에게 모델 팁을 줘버리고 강둑에 앉아 어깨를 축 늘어뜨리고 있는데 꽤나 단정한 차림의 사람들이 강에서 무엇인가를 측정하는 것이 보였다. 가까이 다가가 보니 공무원들이 갠지스강의 오염도를 측정하는 중이었다. 그들이 말하기를 지금의 갠지스강은 전혀 사람

오염된 갠지스강에 아무런 거리낌 없이 뛰어드는 저 아이야말로
나와 하나님의 관계를 보여 주고 있었다.
내가 영적으로 오염된 갠지스강이라면 주님은 내게 첨벙거리며 뛰어든 아이와도 같다.

의 몸을 담글 수 없는 상태라고 했다.

마치 짜기라도 한 것처럼 그 공무원의 말이 끝나기가 무섭게 첨벙 소리가 났다. 돌아보니 갠지스강에 아이가 뛰어들었다. 웃지 못할 광경이 아닌가? 한쪽에서는 지식인들이 오염도를 체크하며 몸을 담글 수 없다는데 한쪽에서는 아이가 함박 미소를 안고 몸을 던졌다.

아이의 마음에는 강의 더러움보다 즐거움이 자리하고 있었을 게다. 그 생각이 아이로 하여금 뛰어들도록 한 것이다. 강둑에 자리를 잡고 앉아서 한동안 첨벙거리는 아이를 바라보다가 문득 그 아이에게서 하나님이 묵상되었다. 아이의 첨벙거리는 모습이 하나님의 순수하신 성품과 닮아 있었다.

기독교인인 나의 눈으로 볼 때 갠지스강은 환경적 오염도 크지만 특히 영적으로도 오염된 강이었다. 모든 면에서 오염된 갠지스강에 아무런 거리낌 없이 뛰어드는 저 아이야말로 나와 하나님의 관계를 보여 주고 있었다. 내가 영적으로 오염된 갠지스강이라면 주님은 내게 첨벙거리며 뛰어든 아이와도 같다. 그 순수한 순결함이 나의 영적 오염을 치유한다.

하늘에 계신 하나님께서 오염으로 가득 찬 이 땅에 예수로서 오신 사건이 바로 복음이다. 주님은 마음에 사랑을 품으셨음으로 이 땅의 더러움을 관여치 않고 오실 수 있었다. 오염에 아무 거리낌 없이 뛰어드는 주님의 순결하신 사랑이 묵상되는 순간이었다.

사람들은 내가 힌두인의 성지에서 하나님을 만났다고 하면 뭐라

?

고 할까? 더러운 죄악의 곳에서 어떻게 그럴 수 있겠냐고 할까? 죄란 무엇일까? 죄, 그것은 예수께서 뛰어드시는 곳이다.

갠지스강의 수많은 힌두인 무리가 미간에 붉은 점을 찍고 기도하는 가운데 나도 두 손을 포개어 들고 주님께 기도를 드렸다. 내 마음의 교만이 비워지기를, 나의 가슴에도 사랑이 담기기를, 그래서 누군가의 더러움에 첨벙 뛰어들 수 있기를 말이다.

신앙이란 성경에 밑줄을 치는 것이 아니라 예수님의 삶에 밑줄을 치는 것이니 나 또한 그분의 삶을 따라 살고 싶다. 만일 예수께 카스트와 같은 신분제가 적용된다면 그는 제사를 관장하는 제사장보다 높은 제사를 받으시는 계급이라고 할 것이다.

그러나 그분은 우리를 사랑하시어 자신의 보좌를 버리고 가장 낮은 곳으로 첨벙 뛰어드셨다. 우리는 그 사랑을 복음이라고 부른다. 나도 진정 복음을 품고 싶다. 더러움에 슬쩍 발을 담그고 주를 따라 살았노라 하지 않고 첨벙 뛰어들어 주를 따라 죽었노라 할 수 있는 그런 복음을 갖고 싶다.

과연 예배의 발전일까

홍콩
[Hong kong]

홍콩에 도착하여 반나절을 보내고 저녁이 되었을 때 나는 벌써 시시해졌다. 한국의 명동이나 압구정 로데오 거리와 전혀 다른 게 없다고 느껴서 시큰둥했다. 여행객이 홍콩이나 현지의 삶에 대해서는 별로 관심이 없고 오직 쇼핑에 혈안인 탓에 홍콩 어디를 가더라도 그놈의 쇼핑에 맞추어져 생성된 여행 인프라들은 나를 지치게 했다.

여행인데도 낯설지 않다는 점이 견디기 힘들었다. 여행이란 대개 익숙한 곳을 떠나 낯선 곳에 놓여 모험심 가득해지는 것인데 홍콩의 그것들은 나로 하여금 그저 한문이 적힌 한국의 번화한 쇼핑거리에 와 있다고 느끼게 할 뿐이었다.

홍콩이 어떤 나라인지 알고 싶었지만 홍콩 사람들도 진짜 역사와 전통을 여행객에게 보여주기 보다는 그저 쇼핑하기 좋은 홍콩을 만들고 싶다는 눈치였다. 온통 쇼핑센터와 기념품들로 가득한 거리와 지독한 교통체증, 그리고 낮밤 없이 치열한 홍콩 사람들의 현대적 삶의 모습은 정말이지 서울과 다를 바가 없어 보였으니 도무지 모험심이 일어나지 않았다.

근처의 사찰들을 찾아가 현지인들의 종교심에 대해서라도 보고자 했지만 사찰들마저 관광명소로 돌변해 있어서 기도를 하러 온 신도보다 관광객이 더 많았다. 사찰 주변 기념품 상점들로 인해 사찰도 결국 쇼핑점이 되어 있었다.

두 손 가득 쇼핑백을 든 관광객으로 북적이는 이 북새통 어디에서 홍콩을 찾을 수 있단 말인가?

금강산도 식후경이랬으니 음식들이라도 '이 새로운 음식은 뭐지?' 하는 분위기가 되어야 하는데 여행 인프라 조성 때문이었는지 거리마다 즐비한 맥도널드와 스타벅스, 그리고 여행객에게 잘 팔리도록 변형된 시시한 현지 음식들은 내가 여행을 온 것이 아니라는 불안감마저 들게 했다.

홍콩 음식도 아닌데 그렇다고 아주 아닌 것도 아닌 밍숭맹숭한 저녁식사를 끝내고 명소라는 침사추이 항구에 들렀다. 사람들은 하나같이 정박한 배들과 야경을 배경으로 사진을 찍고 있었는데 나는 도무지 관심이 생기지 않았다.

그래서 먼저 숙소로 돌아가겠노라 이야기하고 동행이었던 승빈과 일찍 헤어졌다. 승빈은 뭐가 그렇게 좋은지 싱글벙글 사진을 찍느라 내 말을 듣지 못한 듯했다.

"네?"

"형, 먼저 가서 잘게. 시시하다."

승빈은 근처의 야시장을 둘러보고 숙소로 돌아오겠다고 했다. 터벅터벅 숙소로 들어가는 길, 여행 출발 전 한국의 자료에 소개된 명소들을 지나치게 되었다. 대체 이 전통의 색이 없는 쇼핑 구조물들을 왜 홍콩의 풍물이라 광고하는지 이해되지 않았다.

숙소에 도착해 샤워기 물을 틀자 쏴 하고 물이 쏟아지듯 내 마음도 입밖으로 쏟아졌다.

"아! 짜증나!"

샤워를 마무리 하고도 진정이 되지 않았다. 내일은 기필코 진짜 홍콩을 보리라 다짐을 하다가 홍콩 땅을 밟고 서서 홍콩을 찾는 내 꼴에 헛웃음이 새었다.

침대 하나 덩그러니 있는 방에 누워서 생각에 잠겼다. 마치 침대를 먼저 구하고 그 침대의 크기로 방을 만든 것처럼 침대가 좌우의 벽에 아주 꽉 끼는 답답한 방이었다.

옆방에서는 광둥어인지 북경어인지 모를 가독성 없는 중국말이 시끄럽게 들려왔고, 싸구려 에어컨이 물을 흘리는 통에 계속 똑똑 똑 물방울 떨어지는 소리가 강박증이 일도록 은근히 나를 건드렸다.

창밖으로는 행인들의 목소리와 아스팔트를 움직이는 자동차 바퀴 소리가 아무런 규칙 없이 정신 사납게 들려 왔다. 자동차 헤드라이트가 지나가며 내 방을 밝히다 말고 또 밝히다 말고 하였다. 창을 닫아버리고 벽을 쾅쾅 쳐서 옆방에도 눈치를 주자 순식간에 고요해진 공간에서는 시계 초침 소리만 들렸다.

언제 잠이 들었는지 기대감이 없으니까 늦도록 잠을 자고 점심때가 되어서야 눈을 떴다. 눈을 떠보니 밤 사이 에어컨에서 떨어진 물이 침대를 온통 적셔 놓았다.

"짜증나네."

눈 뜨자마자 입술을 삐죽거렸다. 냉수라도 들이키려고 방문을 열고 나가 정수기로 향했다. 정수기로 향하는 복도는 또 왜 그렇게 더운지 이것저것 모든 것에 짜증이 났다. 정수기 급수 버튼을 눌렀는데 반응이 없다.

'아, 정수기도 고장이다.'

사무실로 찾아가 주인아저씨에게 정수기가 고장이 났다고 말했더니 아저씨는 뚝딱뚝딱 정수기를 고치고 알 수 없는 중국어로 뭔가 이야기하였다.

아마도 가끔 이런 일이 생겨서 정수기를 바꿔야겠다는 내용인 것 같았다. 내가 그냥 무료하게 고개를 끄덕이고 말아 버리니까 중국어가 통하지 않는다는 것을 눈치챘는지 손짓 발짓을 하며 어색한 영어로 내게 몇 마디 말을 건네었다.

그렇게 대화를 시작한 우리는 서로 모자라는 영어를 인터넷으로

자신에게서 벗어나 멀찌감치 서서 자신을 바라보는 것을 여행이라고 할 수 있을 것이다.

찾아가면서까지 대화하게 되었다. 말이 통하다가 말다 하는 불편함이 있었지만, 현지인과의 대화가 시작되니 그나마 그래도 여행하고 있는 기분이 들었다. 쓸어 내면 먼지라도 털릴 듯 깊게 파인 눈가의 주름은 그가 얼마나 웃고 사는 사람인지를 짐작하도록 했다.

"이봐, 한국인! 넌 왜 홍콩까지 와서 인상을 쓰고 있어?"

"그냥 온통 쇼핑뿐이라서 너무 시시해요. 이런 건 한국에도 꽤 있거든요."

"진짜 홍콩을 보고 싶다고?"

"네! 진짜 홍콩이 보고 싶어요."

"쇼핑이 진짜 홍콩이라면?"

"네? 쇼핑이 홍콩이라니요?"

"쇼핑이 홍콩의 전통이라면 어때?"

"쇼핑이 전통이라고요?"

아저씨는 인터넷에서 몇 장의 사진을 찾아 보여 주었다. 한문으로 적힌 기사들은 내가 읽을 수 없었지만 딱 보기에도 홍콩의 역사에 대한 사진들이었다. 큰 선박들이 촬영된 아주아주 오래된 흑백사진이었다. 아저씨는 계속 비슷한 종류의 사진을 연속해서 보여 주었는데, 사진들은 처음에 질이 좋지 않은 흑백 사진에서 점차 현대의 질 좋은 컬러 사진으로 발전했다.

한 장 한 장 사진을 보여 줄 때마다 연거푸 하는 말이 'same same'이었다. 홍콩의 과거와 현재가 같다는 것을 보여 주는 것 같았다.

?

나는 이해를 못하고 그래서 이걸 왜 보여 주냐고 물었다. 혹시 이 배 만드는 기술이 홍콩의 것일까? 아니면 자신이 오래된 뱃사람인가? 아저씨는 해상무역 중인 이 사진들을 열거해 놓고 짧은 영어를 내 마음 깊은 곳까지 밀어 넣었다.

"This is shopping! SHOPPING IS HONGKONG."

나는 한 3초 정도 고개를 갸우뚱했으나 그 의미가 깨달아지자 입을 아 하는 모양으로 크게 벌리고 턱을 있는 대로 쳐들면서 눈을 동그랗게 떴다.

"아~~~~~~!"

쇼핑이 바로 홍콩의 전통이었다. 홍콩의 전통을 보면서도 보지 못한 것은 서울과 비슷하다며 쉽게 고개를 돌려버린 내 편협함 때문이었다. 홍콩이 보여 주려는 것을 보지 못하고 내가 보고 싶은 것을 내놓으라는 식이었으니 홍콩은 내게 짜증이 났을 게다.

지리적 이점을 이용해 중개무역으로 세계 경제에 뛰어든 홍콩은 상업이 오랜 전통이다. 다시 말해서 제각각 다른 문화의 물건을 배에 싣고 항만에 모여 사고파는 쇼핑이 홍콩의 오랜 전통이었다.

홍콩은 중국 본토는 물론이고 여러 열강 간의 해상무역 중심지여서 수많은 상인의 물건들로 언제나 장이 벌어지는 것이 전통이다. 동과 서를 연결하는 중간 기착지로서의 특성 덕분에 홍콩은 예로부터 우리나라에서 없는 게 없는 진귀한 곳으로 통했다. 그래서 우리나라 농담 중에도 한바탕 질펀하게 즐기러 가보자고 할 때 '홍콩 가자'라는 농담이 있다. 그런 특성의 영향을 받았기에 현재 세계에서 가장 큰 공항 면세점을 보유하고 있는 것도 역시 홍콩 공항이다. 쇼핑은 결국 홍콩이라는 말이다.

전날 밤에 쉽게 지나친 침사추이로 다시 나갔다. 어제는 그냥 지나쳤던 그 항구의 배들을 다시 보고 싶어서였다. 여전히 홍콩의 명풍경이라는 야경을 보기 위해 관광객들이 북적이고 있었다.

그랬다. 그 북적이는 항만이 바로 홍콩이었다. 각 나라의 사람들이 찾아와 무역을 하는 이 북새통이 바로 홍콩이었다. 쇼핑 때문에 홍콩이 시시하다고 생각했고, 내가 홍콩을 보지 못하도록 하는 것도 결국 쇼핑이라고 생각했는데, 그 쇼핑이 홍콩이었다.

침사추이의 야경을 사진에 담아 돌아가는 길, 사람들의 손에 들린 쇼핑백과 그 물건들에 대해서 대화하며 거니는 풍경이 이제는 홍콩의 진면목으로 보였다. 몇 장의 사진을 찍고 숙소로 돌아와 찍어온 야경을 다시 보았다. 늘어선 빌딩들이 별무리처럼 아름답게 빛을 내고 있었다. 야경에 빛을 수놓는 높은 빌딩들도 결국 무역회사와 쇼핑타운이 대부분이라고 하니 이 사진은 그냥 야경 사진이 아니고 그야말로 쇼핑이 전통인 진짜 홍콩의 사진이다.

숙소로 돌아가 주인아저씨에게 찍어온 사진을 보여주며 말했다.
"디스 이즈 홍콩."
아저씨는 방긋방긋 웃으면서 자신의 어눌한 영어가 잘 전달되었음을 알고 고개를 끄덕이며 기뻐했다.
마침 승빈도 하루 일정을 끝내고 숙소로 돌아왔다. 내가 시시하다며 늦도록 잠을 자겠다고 했으니 오늘 하루는 혼자서 이곳저곳을 돌아다니다가 돌아온 것이다. 승빈의 손에도 역시 이것저것 쇼핑백이 들려 있었다.

"형! 시시하지 않던데요?"

그는 내 방에 들어와서 자기가 사온 것들을 늘어놓고는 하나하나 그것이 무엇인지 자랑인지 설명인지를 시작했다. 내 눈에는 별 특징 없는 잡기들에 불과한데도 행복해하며 쇼핑한 물건들을 자랑하는 승빈을 보니 이 녀석은 쇼핑이 전통인 홍콩을 제대로 여행했다는 생각이 들었다.

이 모습이 홍콩의 오랜 풍경이 아닐까?

이 홍콩에 발을 들인 오래전 언젠가의 외국인도 누군가에게는 잡기이지만 누군가에게는 진귀한 물건들을 사고팔기 위해 이 홍콩의 항구에 왔을 것이다. 이것저것을 구입한 후에 동료에게 자랑을 늘어놓으며 밤이 깊었을 것이다. 홍콩은 전통을 보존하여 밝히 보여주는 멋진 여행지였다.

어떤 깨달음이 선사된 여행은 어찌나 값진지 요즘의 나를 돌아보게 되었다. 그러고 보면 여행을 통해 배운 것을 현실에 적용하지 않는다면 여행을 낭비라고 해도 지나치지 않을 것이다.

여행에서 언제나 기억해야 하는 것은 우리가 언젠가는 떠나왔던 현실로 돌아가야 한다는 사실이다. 여행이 삶이 되고 여행이 직업이 될 수 있다고 말하는 사람들도 있지만 나는 그런 의견에 잘 동의하지 않는다.

마치 내가 무인도에 서 있다면 그곳은 더 이상 무인도가 아닌 것처럼, 여행이 삶이 되면 그에게 여행은 더 이상 존재하지 않을 수 있다. 자신에게서 벗어나 멀찌감치 서서 자신을 바라보는 것을 여행이라고 할 수 있을 것이다.

홍콩에서의 나를 바라보니 편협한 시각으로 날을 세웠음을 알았다. 아니, 자신을 잘 보여주고 있었던 홍콩에게 '금 내놔라 은 내놔라' 했던 나의 시각은 편협함이기 전에 게으름이라고 해야 하는 것이 옳다.

나의 시각은 게으르게 편협함에 머물러 있었다. 찾기보다는 찾아달라고 배통을 내밀고 늘어진 나의 모습은 마치 누군가 정성스레 상을 차리는 동안 소파에 누워 발가락 각질이나 뜯고 있다가 상을 내오자 '짜네, 다네' 잔소리나 해대는 게으름과 같았다.

이 밥상 때문에 '당뇨가 심해지네, 혈압이 높아지네' 떠들지만 결국 많은 경우 자신의 병을 키워 내는 것은 오늘도 갖가지 이유로 운동을 하지 못한 자신의 게으름 때문이 아닐까?

예배를 대하는 많은 성도들의 시각에서도 게으름은 감추어지지 않는다. 예배의 목적을 괄시하고 편협한 시각으로 일요 레포츠를 내놓으라는 성도를 만나기란 어려운 일이 아니다.

예배 문화는 다양해지고 있다. 다문화 사회를 사는 현대인들의 입맛에 맞는 예배를 만들어 공급하기 위해서 각 교회 목회자들은 머리를 쥐어뜯고 있다. 성도들을 위해 새롭고 참신하고, 즐겁고 유쾌하며, 신나고 은혜로운 예배를 만들어 가야 한다는 부담이 목회자들의 본분을 잠식시킨다.

예배의 수신자는 성도가 아니라 주님이시다. 예배는 성도를 만족시킬 의무를 갖지 않는다. 예배는 드려지는 것이지 감상하거나 소비하는 성질의 것이 아니다. 쇼핑천국 홍콩에서는 쇼핑이 홍콩이듯 복음으로 가는 주님의 나라를 선포해야 하는 교회에서는 말 그대로 복음이 선포되어야 한다.

우리의 예배에는 고급 사운드가 부재할 수도 있다. 우리의 예배에는 최고급 찬양 인도자가 없을 수도 있다. 우리의 예배에는 말더듬이 설교자가 설 수도 있다. 우리의 예배에는 지붕이 없을 수도 있고 우리의 예배에는 총탄이 즐비할 수도 있다.

그러나 우리의 예배에는 복음이 부재할 수 없다. 성도들은 스페셜하며 구미가 당기는 예배를 원하고 '금 내놔라, 은 내놔라' 떼를 쓰면서 자신의 영적 매너리즘을 교회 탓으로 돌리곤 하지만 복음은 어떤 옷을 입어도 결국 복음이다. 각종 허울을 신경 쓰느라 복음을 감지하지 못하는 것은 편협함보다 앞서는 영적 게으름 때문이다.

가장 일반적이고 가장 익숙한 것에서 은혜를 발견하지 못하는 우리들에게 특별하고 획기적인 예배의 신설은 과연 예배의 발전일까?

우리는 마음을 청결히 하고 언제나 되새겨야 한다. 식상하고 익숙한 쇼핑 자체가 홍콩이었듯 너무 익숙해진 단어들 '성탄, 십자가, 부활, 승천 그리고 재림'이, 지루한 단어들의 연속이 바로 복음의 정수인 것이다. 많은 교회들이 세상의 기업을 따라서 성도를 고객으로 대하고 있다. 성도의 입맛에 맞는 예배 만들기에 혈안이 되어 있지만 예배는 본래 성도를 위한 것이 아니라 주님을 위한 것이다.

?

그것이 바로
거룩한 상태가 아닐까

말레이시아
[Malaysia]

나와 승빈은 라오스에서 말레이시아로 향하는 비행기를 탔다. 정확히 12시 방향에서 6시 방향으로의 비행이었다.

말레이시아 말라카로의 여행은 실로 6시로의 여행이었다. 말라카는 아침이 되기 직전의 여명이었다. 어두운 새벽이라고 하기에는 늦었고 밝은 아침이라고 하기에는 아직 이른 6시 말이다.

고요하고 푸른 기운이 감도는 새벽을 거닐어 본 사람은 안다. 환경미화원의 빗질 소리와 먼저 일어난 새들의 지저귐이 그 시간에는 가깝게 들린다. 그것은 주변의 소음이 아직 시작되기 이전이기 때문이다. 이렇듯 새벽은 특별하게 고요한 시간이거나 고요해서 특별한 시간이다.

저가 항공이라 불리는 이 항공사는 듣던 대로 불친절하고 유난스러웠다. 티켓팅을 하는데 내 앞 차례의 승객이 영어를 알아듣지 못한다는 것을 알아차렸으면서도 승무원은 빠르고 큰소리로 그 승객을 영어로 몰아부쳤다.

그 승객은 중국 아주머니였는데 나는 도움을 주고자 다가가 항공사 직원에게 좀 더 천천히 말해주기를 청했으나 막무가내였다.

"싯 다운!"

군대라도 온 듯 명령조로 검지를 휘두르는 본세가 워낙 사나웠다. 수화물 무게가 초과되어 요금을 더 내야 한다는 간단한 사항이었다. 기내에서도 승무원들이 한 명의 승객에게 패싸움이라도 걸 듯 머릿수를 늘려서 몰아붙이는 장면을 목격했다.

이 비행기는 모두에게 식사를 제공하는 것이 아니라 미리 신청한 사람에 한해서 비용을 지불받고 기내식을 제공하였다. 그런데 탑승하면 작은 빵이라도 나누어 주는 것이 보통이어서 한 승객이 왜 기내식을 주지 않는지 질문을 했다. 승무원의 영어가 너무 빨라서 못 알아듣자 그 승객을 이해시키기 위해 총 5명의 승무원이 몰려들어 동시에 빠른 영어를 그야말로 씨부렸다.

승객은 기가 죽어서 '오케이, 쏘리'를 연발하였다. 정말 다시는 이용하고 싶지 않은 항공사였다. 도착한 말레이시아의 수도 쿠알라룸푸르 역시 딱 그 항공사 같은 느낌이었다. 무질서하고 복잡하고 불친절했다. 높은 빌딩은 많았지만 시민의식은 방금 지나온 개발도상

걸음이라도 빨리 걸으면 느림의 보안관이 나타나
느릿한 말투로 주의를 줄 것만 같았다.

나는 성경에서 예수가 자신을 하나님의 아들로 설명하는
구간을 말해주었다. 서로 짧은 영어를 앞세워 열두 지파의
족보까지 그려가며 몹시 시끄러운 언쟁의 시간이었다.

국 라오스보다 못했다.

물론 그 첫인상은 나만의 것이지 쿠알라룸푸르를 여행한 모두의 감정은 결코 아니다. 단지 그 항공사가 말레이시아의 항공사였기 때문에 그 나라 수도와 불쾌한 이미지를 연결하게 되었다.

하다못해 인도의 수도 델리의 끊어지지 않는 클랙슨 소리를 두고도 그 소란을 '자유롭다'고 기록했던 일이 있었으니, 확실히 쿠알라룸푸르의 불쾌한 이미지는 쿠알라룸푸르의 이미지라기 보다는 항공사의 이미지이기도 했다. 그러나 그 도심의 분위기가 오죽이나 번잡했으면 그곳을 다녀온 사람이라면 누구나 일치하는 감정을 느꼈을 것이다.

우리는 한국인이 건축에 참여했다는 트윈타워를 대강 둘러본 후 국립 모스크에서 한 무슬림과 예수에 대해서 이야기를 나누게 되었다. 그는 예수가 레위 지파라고 했고 나는 예수가 유다 지파로서 약속된 다윗의 자손이라고 했다. 그는 코란의 예수서에 대해서 설명해주었다.

코란에서 예수는 스스로 이렇게 말하고 있다.

"나는 하나님의 아들이 아니다."

그러나 나는 성경에서 예수가 자신을 하나님의 아들로 설명하는 구간을 말해주었다. 서로 짧은 영어를 앞세워 열두 지파의 족보까지 그려가며 몹시 시끄러운 언쟁의 시간이었다.

양쪽 다 서로에게 자신의 믿음을 전이하려는 어떤 진심 같은 것은 없었다. 단지 타종교인을 만나면 당연히 그래야만 한다는 생각이 들어서 말을 늘어놓은 기계적이고 소모적인 시간이었다.

마음이 번잡한 탓이었을까? 교통체증에 신음하는 그 도시의 하늘처럼 마음도 뿌옇게 그늘져 있었다. 마음에 담긴 체증을 버리기 위해 배낭을 메고 여행을 시작했지만 내 속은 토요일 오후 2시의 서부간선도로처럼 체증이 가득이었다.

별 소득 없이 피곤하고 분주한 하루를 보내고 차이나타운에 잡아놓은 숙소에 돌아왔다. 어느 나라나 차이나타운은 번잡하고 낙후하고 시끄럽지만, 저렴한 숙소가 밀집하고 있는 경우가 많기 때문에 비용을 아끼기 위해서 차이나타운의 숙소를 선호할 때가 많다.

그런데 쿠알라룸푸르의 차이나타운은 유독 불쾌감을 주었다. 숙소 앞 중식당에서 저녁을 먹을 때는 한문을 읽을 수 없었기에 그림을 보고 식사를 주문했는데 주황색 국물 안에 뒤집어진 개구리가 통째로 떠 있었다.

세계여행을 하면서 충격적인 중식을 만난 것은 결코 처음이 아니다. 기분이 좋은 상태였다면 그 개구리탕을 모험으로 간주하여 즐거워했을 터인데 쿠알라룸푸르에서는 유난히 아무거나 닥치는 대로 불쾌하게 느껴졌다.

게다가 점원이 개구리가 담긴 국그릇을 툭 던지는 바람에 내 옷에 주황색 국물이 흥건하게 튀어버렸다. 기분이 좋았다면 개구리는 튀지 않아서 다행이라고 너스레를 떨었을 텐데 기분이 불쾌하니까 온몸으로 개구리를 뒤집어 쓴 기분이었다. 무엇을 먹고 싶다는 생각도 사라지고 빨리 아침이 되어 쿠알라룸푸르를 빠져나가고 싶다

?

는 마음이 가득해서 서둘러 숙소로 돌아와 몸을 누였다.

마음을 가다듬고서 기분을 컨트롤 해보려고 애썼다. 사람 마음이란 게 긍정에 붙들리는 것과 부정에 붙들리는 것이 아주 다르다는 사실을 잘 알고 있기 때문이었다. 같은 칼이라도 의사가 들면 사람을 살리고 강도가 들면 사람을 죽이는 것처럼 말이다.

내 마음에 악취가 배여 있으니 어떤 것을 보아도 그 냄새가 전이되고 있었다. 마음을 비우고 싶었다. 하지만 번화한 차이나타운 한복판의 싸구려 게스트하우스에서 눅눅한 침대에 누워 평안을 찾기란 쉽지가 않았다. 클랙슨 소리와 국적을 알 수 없는 음악 소리가 어우러진 소음이 끊임없이 들려와 마음의 혼란을 가중시켰다.

잠을 설치다가 마지막으로 시계를 확인한 것이 새벽 4시였다. 겨우 잠이 들었나 싶었는데 방문을 누군가 세차게 쾅쾅쾅 두들겼다. 시계를 보니 새벽 6시였다. 불이라도 난 것은 아닌지 얼른 문을 열었더니 웬 무슬림이 멀뚱멀뚱 서서 내 시선을 피하며 구석구석 방을 힐끗거렸다. 그리고는 미안하다는 말을 남기고 사라졌다. 아마도 자기 친구가 있는 방으로 오해했던 모양이었다.

확실히 내 마음에 여유가 없었다. 평소의 나였다면 지 발로 내 방문을 연 무슬림에게 분명 차를 대접하고 복음에 대해 이야기 했을 것이다. 나의 동행인 승빈은 때때로 타종교인들과 자리를 잡고 앉아 대화를 나누는 내게 선교를 왔는지 여행을 왔는지 입장을 똑바로 해달라고 요구한 적도 있었다.

그러나 그날의 나는 이미 뒤돌아 문을 나서고 있는 무슬림의 뒤통

수에 대고 '겟 아웃 히얼!'이라고 소리치며 있는 힘껏 화를 내었다. 하나님의 사람으로 성화되고자 노력해왔지만 마음에 때가 끼니까 낮은 자로 성화되기는커녕 목의 핏대가 칼처럼 서 버렸다.

그렇게 다시 하루가 시작되었고, 우리 일행은 터미널로 가서 빠르게 버스표를 구입하여 쿠알라룸푸르를 빠져나갔다. 목적지는 두 시간 거리에 있는 항구도시 말라카였다.

버스가 도시를 빠져나와 느긋느긋한 풍경의 시골길에 진입해서야 우리는 안정을 찾고 어젯밤 못 이룬 잠을 청했다. 간밤에 잠을 설치기는 마찬가지였던지 어디론가 갈 때면 그렇게도 신이 나서 말이 많아지던 승빈도 한마디 말없이 두 시간 내내 잠을 잤다.

말라카는 말라카 해협 해상교통의 요충지였기에 포르투갈, 네덜란드, 영국이 이 도시를 탐내어 침략하고 지배했다. 때문에 이 지역은 말레이시아의 문화와 타 문화가 독특하게 융합되어 있다.

특히 15세기 초부터 이주해 온 명나라 사람들과는 '페라나칸'이라는 독특한 문화를 만들어 내었다. 페라나칸은 중국계와 말레이계의 혼혈인 문화다. 이 문화권을 중심으로 말라카의 강 서쪽에 차이나타운이 조성되어 있다. 배낭여행자들 사이에서 이 사연 많은 항구도시 말라카가 알려지고 있는 것은 무엇보다도 말라카의 차이나타운 때문이다.

잠시 휴일을 보내는 관광객이라면 말라카에 대해서 강동 쪽의 번화가를 떠올리겠지만 나 같은 배낭여행자들은 말라카에 대해서 꼭

이 차이나타운을 떠올린다. 다른 도시의 시끌시끌한 차이나타운과 다르게 말라카의 차이나타운은 고즈넉한 분위기의 오래된 가옥들이 분위기 좋은 강을 따라 줄지어 서 있다.

15세기부터 만들어진 그들의 문화는 무척 잘 보존되어 있어서 낡음이 빚어내는 아름다운 전통의 위엄을 느낄 수 있다. 때문에 이 마을 안에는 유네스코 세계문화유산으로 선정된 건물이 여럿이다.

물론 말라카도 전 구역이 유네스코 유산으로 지정되었기 때문에 이 차이나타운에도 관광객들이 몰려드는 구간이 있지만 관광객의 인적이 드문 민가를 얼마든지 찾을 수 있었다. 그 민가들을 걷고 있노라면 정말이지 수세기를 시간여행하는 것 같았다.

말라카에 머무는 동안 우리가 했던 일이라고는 그저 사부작사부작 걷는 것이 전부였다. 걸으면 걸을수록 마음의 때가 조금씩 벗겨지고 무엇인가 채워지고 있음을 느꼈다. 그것은 이를테면 여유 같은 것이었다.

아, 그 오래된 가옥들이 줄지은 거리들은 뭐랄까? 걸음이라도 빨리 걸으면 느림의 보안관이 나타나 느릿한 말투로 주의를 줄 것만 같았다. 우리가 머물렀던 동네는 모든 것이 여유롭고 느렸다.

멋지게 녹슬거나 삭아버린 건물들은 슈트를 멋지게 입은 노년의 신사를 생각나게 했다. 도떼기시장이 아닌 노년의 신사를 연상케 하는 차이나타운은 전세계에 말라카가 유일할 것이다. 동네의 낮 시간은 빠르게 지나갔다. 저녁이 오기 전에 동네의 상점들은 문을 닫았으니까 말이다. 하지만 아무도 서두르는 것 같지는 않았다. 노을이 시작되면 일과를 끝낸 상점들의 닫힌 문에 붉은 빛이 간지럽게 다가왔다.

높은 건물이 없으니 노을은 막힘없이 사람들에게 마음껏 와서 닿았다. 그곳의 노을은 서울처럼 무시당하지 않았다. 높은 빌딩에 가려서 노을이 다녀간 줄도 모르고 여전히 일과 중인 서울의 노을에 비하면 말라카의 노을은 후한 대접을 받고 있었다.

동네 아저씨들은 너도나도 흰색 란닝구차림으로 나와서 뒷짐을 쥐고 노을을 바라보았다. 무척 오래전부터 그렇게 해왔다고 느껴지는 모습이었다. 한 할머니가 노을 앞을 지나갔다. 시간이 다된 해가 노을이 되어 인생의 노을에 접어든 노인을 비추며 기다란 그림자를 내는 풍경은 장관이었다.

나도 뒷짐을 지고 서서 그곳의 노을을 마음에 담았는데 어찌나 고요하던지 해가 지는 소리가 들리는 듯했다. 노을이 지나고 나면 저녁이나 밤 없이 동네는 바로 새벽이 된 것 같았다. 거리에는 아무도 없고 단지 열어 둔 가옥들의 문 틈 사이로 빼꼼 새어나오는 정감 있는 대화 소리만 잘잘잘 흘렀다.

나는 말라카에 와서야 따분함과 평온함의 차이를 분명히 알 수 있게 되었다. 따분함은 할 일 없는 지루함이 삶에 부정적인 영향을 주는 상태다. 그러나 평온함은 동일하게 할 일 없는 상태이지만 그 할 일 없는 상태가 마치 충전기에 꽂아둔 배터리 같아서 삶에 이로움을 주는 상태다. 다시 말해 평온함은 따분함과 다르게 쉼과 충전의 의미를 갖고 있다.

?

그러고 보면 시끄러운 클럽에서 춤을 추고 소리를 지르는 것으로 자신을 충전한다는 말은 영 앞뒤가 맞지 않는 말이다. 단지 스트레스를 털어내는 것을 두고 충전이라고 말하는 것은 마치 소변을 보았더니 몸에 수분이 채워졌다는 말처럼 느껴진다. 시끄러움 속에서 에너지를 발산하여 스트레스를 비울 수는 있어도 우리에게는 그 비워진 공간에 다시 무엇인가를 채우는 작업이 필요하다. 그 채움의 방법이 바로 평온이다. 음주가무로 채움을 실행하는 사람들은 날이 밝았을 때 결국 공허함을 호소하지 않던가.

나는 말라카 차이나타운의 외진 동네를 거니면서 속에 쌓인 분주함을 배설하고 평온을 채우는 시간을 보낼 수 있었다. 이 동네에서의 걷기는 새벽 6시 같았다. 그 특유의 고요함 덕에 신발이 땅에 닿는 소리가 선명하고 기분 좋게 들렸다.

그중에서도 좋아하는 길이 있었는데 그 길은 사람이 살지 않는 몇 채의 집이 연이어 서 있는 길이었다. 동네의 많은 길 중에서도 더 고요한 길이다. 여러 번 이 길을 걸었지만 한 번도 사람이 지나가는 것을 본 적이 없었다. 어제 걸었던 나의 발자국을 다음날도 그대로 볼 수 있는 그런 길, 이 길처럼 내 마음도 언제나 평온하기를 바랐다.

말라카를 떠나는 날 아쉬운 마음에 그 고요한 길을 마지막으로 찾아갔다. 다시 한 번 이 길처럼 내 마음도 비워지기를 바라며 길로 들어섰는데 남자가 반대편에서 걸어오고 있었다. 한 번도 사람이 거니는 것을 본 적이 없었기 때문에 감전된 듯 우스운 모양새로 깜짝 놀라기까지 했다. 반대편에서 걸어오는 그 남자의 모든 것이 선명하게 보였다. 늘 아무도 없는 길 위에서 마주친 한 사람이라서 그랬으리라.

지금도 그 사내가 걸어오는 행색이 선명하게 떠오른다. 어깨를 축 늘어뜨리고 양반걸음으로 터벅터벅 걷는 그의 기다란 두 팔은 마치 시계추처럼 휙휙 움직였다. 푸른색 무슬림복장의 그 사내가 길의 반대편에서 걸어오는 것을 보면서 한 가지 깨달음을 얻었다.

우리의 마음은 언제나 이 길처럼 비워져 있어야 한다. 번잡함이 없이 평온한 상태를 유지하기 위해 노력해야 한다.

우리는 기필코 우리의 영을 언제나 고요한 길 위에 세워 두어야 한다. 우리의 육은 번잡한 도시를 살더라도 나의 영은 언제나 인적이 없는 고요한 길 위에 두어야 한다. 그래야 우리의 영을 만나러 오시는 주님을 알아차릴 수 있다.

만약 이 푸른색 무슬림복장의 사내를 번잡한 도시의 수많은 사람들 사이에서 마주쳤다면 나는 분명 그의 행색을 기억하지 못할 것이다. 아니, 그 사내의 존재 자체를 기억하지 못할 것이다. 우리의 영이 번잡할 때는 이와 같이 주님의 간섭을 알아차리지 못한다. 욕심과 야욕을 비우고 청결한 영으로 살고자 하는 사람이 주님과 동행하며 살 수 있는 이유가 여기에 있다. 주님의 개입을 알 수 있는 고요하고 평안한 상태, 그것이 바로 거룩한 상태가 아닐까?

세상만사의 역사에 자신을 드러내시며 복음의 계시로 성경에 나타나시는 주님을 알아차리기 위해 고요한 영을 마련해야 하겠다.

?

나의 영이 평온하고 고요해서 내 곁을 지나치시는 주님을 몰라보는 일이 더는 없었으면 좋겠다.

오늘은 내 영을 들여다보며 청소를 해야겠다. 새벽녘의 미화원처럼 말이다. 번잡한 하루가 시작되기 전, 내 영에 뒤엉킨 온갖 것들을 가지런히 하고 제멋대로 나뒹구는 잡념들을 한데 모아 수거해야 하겠다. 그리곤 가만히 앉아서 주님께서 내 영에 오시는 발자국 소리를 듣고 싶다.

잘 그려진 수묵화처럼 여백미가 아름다운 정갈한 거리, 온통 내 빗자루 소리뿐인 가운데 바스락바스락 주님께서 내 곁을 지나가시면 나는 그분 손의 못자국을 보지 않더라도 나의 주님이심을 알 수 있을 것이다. 근처 편의점에서 두유를 2개 사서 나누어 마시고 싶다. 한국교회의 미래나 내 설교의 신학적 관점이 아닌 단지 두유의 칼로리 따위에 대해서 혹은 이번에 장모님이 주신 김치 맛에 대해서 별 쓸 곳 없는 이야기를 나누고 싶다. 보통 자주 만나는 사이는 그러니까. '뭐하냐? 밥 먹었냐?' 이런 질문을 받고 싶다.

"두유로 밥이 되냐?"

쯧쯧쯧 편의점에 들어가 삼각 김밥을 들고 나오신 주님은 말씀하신다.

"참치마요 맛! 전자레인지 20초만 돌린 거, 너 이거 좋아하잖아?"

내가 그걸 입에 밀어 넣고 우걱우걱 먹으면 '맛있냐?'고 질문해 주시면 좋겠다. 이에 김이 끼어서 헤벌쭉 웃으며 '넴'하고 싶다. 자주 만나는 사이는 그러니까.

기적

태국
[Thailand]

옷은 동대문 패션타워, 컴퓨터는 용산 전자상가, 여행은 방콕의 카오산로드다. 카오산로드를 단지 맥주와 발마사지가 범람하는 거리일 뿐이라고 섭섭하게 적어버린 어느 기자의 똥꼬에 똥침을 놓고 싶다.

"똥침에 기본 자세~ 손가락에 힘을 주고~"

이런 노래를 불러가며 골목대장으로 늠름하게 활동을 하던 시절, 그 골목은 아무거나 부르면 노래가 되고, 아무 거나 하면 놀이가 되는 골목이었다.

태국 방콕의 카오산로드가 딱 그렇다. 반바지를 입고 슬리퍼를 질질 끌고 앉아서 아무 말이나 뱉으면 철학자가 되는 곳이 바로 카오산로드다. 카오산로드는 누군가와 슬픈 이별을 하고 이제 막 여행을 시작하는 사람과 이제는 여행을 정리하고 누군가에게로 돌아가려는 사람들이 모이는 곳이기도 하다.

하루 종일 뛰고 자빠지면서 웃거나 울거나 노래해도 되는 동네가 바로 카오산로드다. 반듯한 사람들도 발을 들이면 삐딱해지는 마법의 동네이다 보니 나처럼 애당초 삐딱한 사람들은 물 만난 고기처럼 첨벙첨벙이다.

하루는 카오산로드 숙소의 옆방에 사는 북경 친구 웡과 이야기를 나누던 중이었는데 내가 학부에서 사진학을 전공했다고 했더니 근처의 사진전시 하나를 소개해 주었다. 자기도 우연히 근처를 돌아다니다가 봤을 정도로 걸어갈 수 있는 거리라며 지도에 표기해 주었다.

지도와 물병을 하나 들고 총총총 전시회로 향했다. 그런데 생각보다 멀었다. 땀이 줄줄 흘러서 일단 그늘에 들어가 물통의 물을 손에 부어 세수를 했다. 그리고는 고개를 드는데 기분 좋은 바람이 불어와 얼굴의 물기를 말려주었다.

충동적으로 계획을 바꾸어 전시회도 치우고 지도도 치우고 바람이 불어오는 방향으로 걸어보자고 엉뚱한 생각을 하게 되었다. 그저 바람이 불어오는 방향으로 마치 바람의 출처를 찾듯이 방콕 트레킹을 하게 된 것이다. 현지인들 사는 모습이나 보면서 건들건들 걷다가 또 땀이 나면 물통을 열어서 얼굴을 적시면서 한참을 걸었다. 세수를 하고서 닦지 않고 바람에 얼굴을 말리는 습관은 고등학교 때 생긴 습관이다.

지금도 함께 음악을 하는 PD들은 고등학교 시절부터 함께 지하방 옥탑방을 옮겨가며 함께 음악을 하던 친구들이다. 나는 컨셔스랩(사회적 문제를 다루는 랩)이나 찬양 분야에서 힙합음악을 만들고 있지만 친구들은 인기 남성 그룹 〈신화〉의 싱글 '아는 사이'를 제작하기도 했고, 인기 아이돌 그룹 〈갓세븐〉의 타이틀곡을 프로듀싱 했을 정도로 규모를 가진 PD들이 되었다.

우리는 학창 시절, 밤이면 밤마다 동네 공터에 모여서 랩을 했었다. 근처 다른 친구들이 열심히 공부를 하던 때에도 공원 공터에 모여서 랩을 했다. 그리고는 공원 수돗가에서 시원하게 세수를 했다. 집으로 돌아오는 길이면 얼굴에 있는 물기가 바람에 날리며 마르는 느낌이 좋아 꼭 집까지 걸어가곤 했었다. 내 소년 시절의 피부에 느껴지는 바람은 늘 신이 나 있었다.

땅에 살지 않는 바람은 뿌리가 없었다. 우리는 그 시기를 거치면서 바람처럼 여기저기로 날리며 뿌리 내릴 자리를 찾아 유랑했다. 끝없이 바람처럼 살고 싶었지만 인간은 꽃을 피우기 위해 언젠가는 땅을 찾아 뿌리를 내려야 했다.

바람인 시절이 존재했던 것은 단지 뿌리 내릴 땅을 찾기 위함이지 끝까지 바람이기 위함은 아니었다. 나는 뿌리를 내렸지만 자유로운 바람을 사랑했기 때문인지 좌우로 제멋대로 자유롭게 가지를

?

뻗어대는 소나무로 자랐다.

사진과 대학 입시를 준비하던 19살 때 처음 접한 배병우 작가의 '소나무'는 내게 바람 같은 나무로 느껴졌다. 어디로 가는지 모르게 삐뚤삐뚤 자라는 소나무의 그 삐딱함이 마음에 들었다. 산 중턱이나 절벽에 홀로 서서 포클레인처럼 거칠게 구부러지거나 자기 고뇌를 설명하려는 듯 온몸을 뒤틀며 서있는 소나무를 보노라면 자주 눈물이 났다.

또 산중에 홀로가 아니라 군집되어 서식하는 소나무들의 향연은 어떠한가? 같은 종일뿐만 아니라 같은 자리에서 같은 세월을 살았는데도 똑같은 모습으로 자란 소나무가 단 한 그루도 없다. 모두가 하늘을 향하여 자라지만 하늘로 뻗는 모양이 각기 다르다. 대나무의 군집을 잘 차려입은 군대의 제식과 같다고 할 수 있다면, 소나무의 군집은 마치 전장에서 임무를 완수한 군인들이 군화며 야상을 풀어 재끼고 걸어오는 모습이다.

나는 정말이지 소나무처럼 자라고 싶었다. 바람으로 살 수 없다면 꼭 삐뚤삐뚤 제멋에 하늘을 오르는 소나무가 되고 싶었다. 소년 시절, 소나무의 쩌억쩌억 갈라진 거친 표피에서 아버지의 고난한 발을 연상하곤 했었다. 구두를 구겨 신고서 아무렇게나 다니는 것 같아도 가족을 건사하기 위해 성실히 살아내시는 아버지의 모습이 소나무와 닮았다고 생각했다. 거친 피부로 아무렇게나 서 있는 것 같아도 사시사철을 푸르기 위해 사투하는 소나무의 모습이 아버지와 같아서 더욱 닮고 싶었다.

그러나 어른들은 삐뚤삐뚤 자라는 나를 그냥 두지 않았다. 소나무처럼 삐뚤게 자라려는 내 몸에 지지대를 들이대고 밧줄을 동여매면서 일자로 자라도록 지랄난리를 쳐대었다. 그들은 나를 바꾸려고 했다.

그러나 나는 내 옆에 서 있는 다른 나무들과 똑같아질까봐 겁이 나서 매를 맞아가면서까지 삐뚤삐뚤 자라기를 고집하며 살았다. 남들이 걷지 않는 길을 걸으려고 애썼다. 매질을 하던 사람들은 겁지를 대나무처럼 곧게 펴고 삐뚤거리는 내게 '역마살이다, 방랑벽이다' 혀를 끌끌거렸지만 나는 인정할 수 없었다.

도대체 왜 남과 다르면 '살(煞 해치는 기운)'이나 '벽(癖 중독)'이 끼었다고 표현돼야 한단 말인가. 남과 다른 것은 어째서 자체가 장애라는 평가를 받아야 하는 걸까?

20살이었던가. 뉴스를 통해 태백산에 태풍이 지나간다는 속보를 듣고서 그 길로 텐트를 들고 태백산 올랐던 일. 21살, 아무도 내 음반을 발매해 주지 않아서 가출한 후배 자취방을 사무실이라며 음반사를 설립하고 첫 앨범을 발매했던 일. 배낭 하나 걸치고 수많은 타국의 국경을 넘어 다닌 일. 소년원 출원생들과 미혼모들이 예배하는 특수 교회를 개척한 일.

나는 믿었다. 남과 다른 이 모습이 나라는 사실을 기어코 믿었다. 이것은 '살'이나 '벽'이 아니라 그냥 주께서 만들어 주신 '나'였다. 곧게 뻗은 대나무들 사이에서 삐뚤삐뚤한 나는 미운 오리 새끼 취급을 받았지만 동화 속 못생긴 오리가 자라 백조가 되었듯, 나는 배병우 작가도 담을 수 없는 소나무로 자랐다.

사람들은 나를 자신들이 원하는 모습으로 바꾸려고 노력했지만 창조주는 애당초 나를 대나무로 만들지 않았기 때문에 그들은 창조주의 뜻을 거슬러 나를 바꿀 수 없었다. 반대로 나는 창조주의 뜻을 따랐다.

찬양과 교만은 한끝 차이라고 생각한다. 하나님의 창조목적과 상관없이 제 잘난 맛에 제 자랑을 하면 교만이 되지만 나를 만드신 창조주의 창조목적을 알고 만들어 주신 내 모습 그대로를 기뻐하는 마음으로 제 자랑을 하면 그것은 창조주에 대한 찬양이다. 나를 만드신 분이 주님이시니 내가 거울을 보면서 창조물로서의 나를 기뻐하고 놀라워하면 그게 바로 찬양이다. 나는 주님의 창조목적대로 자랐다.

중학교 시절에는 칼에 찔리고, 후에는 정신병원에도 입원하면서 온몸이 뒤틀린 소나무로 자랐지만 이 연단은 목적을 가지고 있었다. 삐뚤어진 내 모습을 보고 사람들은 불량품이라고 했지만, 후에 소년원에 설교자로 선교 갔을 때 알게 되었다.

나는 불량품이 아니었다. 삐딱한 곳에 보내서 삐딱하게 설교하라고 삐딱하게 만든 정품 중의 정품이었다. 대부분의 것들과 다르다고 하여 잘못되었다고 느낄 필요는 없다. 대부분의 것들과 다르다는 것은 틀렸다는 것을 의미하는 것이 아니라 특별하다는 것이기 때문이다.

소년원 출원생과 미혼모들이 모인 우리 교회는 소나무의 군집이다. 나는 주님의 계획을 신뢰한다. 주님은 나를 통해 삐딱이들을 만나고 계신다. 우리 교회의 단체사진은 아마도 하늘나라에 걸리기를 배병우 작가의 소나무처럼 대작으로 걸려 있을 것이다.

나는 내가 마음에 든다. 전시회 보러 가는 것을 때려치우고 바람의 방향을 따라 방콕을 걷다가 자동차의 창문이나 쇼윈도에 비친 나의 모습을 보고 참 멋지다고 생각했다.

주머니에 손을 넣고 건들거리는 모양과 선글라스 하나를 끼더라도 삐딱하게 끼고 있는 나는 영락없는 소나무다. 삐딱한 세상에 삐딱한 모습으로 보내진 내가 멋져 보인다. 전시회에 가서 사진 작품을 보려고 했지만 그날은 반나절 동안 주님께서 만드신 '나'라는 작품을 실컷 보았다.

얼마나 걸었을까? 웡과 저녁식사 약속이 있었기 때문에 다시 카오산로드로 돌아가는 툭툭에 올라탔다. 카오산로드에 도착하니 내일은 없을 것처럼 시끌벅적한 분위기가 활기차다. 저녁 약속이 있었지만 배가 고파서 카오산로드 입구 노점에서 파는 팟타이를 한 접시를 비웠다. 웡도 이미 저녁을 먹었을지 모를 일이었다.

카오산로드에서는 뭔가 계획을 세운다는 것 자체가 별로 어울리지 않는 일이다. 배고프면 먹고, 졸리면 자고, 떠들고 노래하고, 다시 졸리면 자빠지면서 시간을 보내는 것이 카오산로드를 사는 방법이다. 한치 앞도 알 수 없는데 계획은 무슨 계획이냐며 널브러지면

나의 미래를 내가 알 필요가 없다.
내가 어디에서 왔으며 어디로 가야 하는지에 대한 영적 좌표를 알면 그뿐이다.

그게 카오산로드 개똥철학이다.

팟타이가 담긴 종이봉투를 들고 숙소로 가기 위해 건들건들 카오산로드를 가로지르는데 웬 시크교도가 내게 말을 걸어왔다.

"기적을 보여줄게."

기적? 터번을 쓴 중후한 인상의 그는 당장이라도 요술램프를 꺼내어 비비며 주문을 외울 기세였다. 나는 그냥 손금이나 봐주고 팔지나 파는 잡상인인가 해서 물었다.

"무슨 기적? 나 돈 없는데?"

그는 아랑곳 않고 내 눈을 응시하더니 말했다.

"난 너의 모든 것을 알 수 있어. 너, 한국인이지?"

나는 심드렁하다 못해 그의 진지한 태도 때문에 웃음이 날 지경이었다. 누가 봐도 내 피부는 중국 일본 아니면 한국이니까 말이다. 내가 시큰둥해 하자 그는 한 번 더 내 눈을 지그시 응시하더니 다음 말을 이었다.

"너, 음악 만드는 일 하지?"

잠시 놀랄 뻔했지만 역시 별로였다. 내 티셔츠에 'BOOM MUSIC'이라고 프린트되어 있기 때문에 그것을 읽고 지레 짐작한 것이겠거니 했다. 그런데 이어서 하는 말에 나는 적잖이 놀랐다.

"너, 사진작가지?"

순간적으로 소름이 확 돋아서 물었다.

"뭐야, 어떻게 알아? 너, 나 알아?"

그는 자신을 시크교도로 소개하면서 시크교의 신을 경배하면 미래를 알 수 있는 기적을 경험하게 된다고 했다. 시크교가 일반적으로 그런 교리를 갖고 있는지 아니면 개신교의 이단 신천지처럼 다른 분파인지는 모르겠으나 그는 조금씩 조여 오듯 나의 이것저것을 맞추며 그 말을 반복했다.

"시크교에 경배하면 기적을 경험하게 될 거야. 모든 미래를 알게 되어 두려움이 사라지는 기적이야."

그가 무당처럼 나에 대해서 용하게 맞추는 것이 신기하기는 한데 그 반복하는 말 속의 '기적'이라는 말이 거슬렸다.

"이봐 시크교, 그러니까 네가 말하는 기적이라는 게 모든 미래를 알게 돼서 두려움이 사라진다는 거지?"

나는 눈을 똑바로 뜨고 반격이라도 하듯 말했다.

"모든 미래를 알게 되어 두려움이 사라지는 게 그게 기적이라고? 난 예수를 믿는 사람인데 미래를 몰라도 두렵지가 않아. 이게 기적이지."

그는 한 방 먹은 표정으로 어떻게 반격할까 잠시 고민하더니 돌아서서 가버렸다. 가끔은 신 내림을 받았다면서 정말 뭔가를 꿰뚫어 알고 있는 사람들을 만날 때가 있다. 영의 세계를 믿는 사람으로서 그런 일이 충분히 가능하다고 생각한다. 그러나 내 영의 주관자이신 하나님을 대신해서 그 잡귀들이 내 영을 잡아 흔들 수는 없는 일이다.

잡귀를 몰고 온 그에게 한 방 먹이고, 아니 그를 몰고 온 잡귀에게 한 방 먹이고 숙소로 돌아가는 길, 아무거나 부르면 노래가 되는 카오산로드에서 나도 노래 한 곡을 불렀다. 이미 해가 지고 거리의 많은 사람들이 흥에 겨워 제각기 노래를 부르고 있었으니 실례가 되지는 않았다.

"사랑의 주님이 날 사랑하시네. 내 모습 이대로 받으셨네."

어설프게 배워둔 율동으로 하트를 그려가며 말이다. 나의 미래를 내가 알 필요는 없다. 단지 내가 어디에서 왔으며 어디로 가야 하는지에 대한 영적 좌표를 알면 그뿐이다. 그분께 나의 신음과 기쁨 그리고 문제와 답이 있으니 오직 주님을 아는 것이 내 삶의 유익이다.

창조주 하나님을 믿는 사람들에게 삶은 카오산로드 같아야 할 것이다. 연기할 필요 없이 내 모습 이대로 풀어 두면 노래가 되고 놀이가 되는 카오산로드 말이다.

세상은 우리에게 미래를 알 수 있게 해준다고 하거나 미래를 대처할 수 있는 기술을 배양하라고 말하지만 우리는 미래의 주관자가 누구인지 먼저 인지해야 할 것이다. 인간은 하나님께서 지어주신 모습으로 태어나서 세상의 흐름에 발맞추어 가면을 쓰고 살다가 그 가면이 자신인 줄 알고 죽기가 일쑤다.

우리는 각자 개인에게 주신 모습으로 주신 길을 가야 하는 사명을 살아야 한다. 하나님께서 인간에게 처음 했던 질문은 '네가 어디에 있느냐?'이다. 이 구절은 히브리어 원어로 '아이에카'인데 고어의 권위자인 배철현 교수는 '아이에카'의 '아이'가 단순한 장소를 나타내는 '어디'가 아니라 신께서 지정하신 장소라는 뜻을 축자적으로 내포한다고 하였다.

?

그렇다면 '네가 어디에 있느냐?'는 질문은 '너는 내가 만들어준 너의 모습 그대로 내가 너에게 지정한 장소에 있느냐?'가 되는 것이다. 우리 인간의 공통된 사명은 주님께서 주신 내 모습으로 주신 길 위에 서는 것이다.

돌멩이 하나도 같은 모양이 없고 떠가는 구름도 같은 모습이 없거늘 유난히 인간은 남과 같아지고자 한다. 하물며 만물의 영장인 우리가 돌멩이보다 못할까?

우리 모두는 인간이론에 의해서 정형화된 모습으로 정의될 필요가 없다. 학부에서 사진학을 거치며 배운 좋은 이야기가 있다. 디자인은 계속 덧입히는 것이 아니라 필요 없는 것을 지우는 과정이라는 명제가 그것이다. 근원의 하나님께서 만들어 주신 본연의 모습에 우리는 대체 얼마나 많은 것을 덧입히고 살고 있을까.

창조주 하나님께서 만들어 주신 그 모습을 부정하고 세상의 요구에 따라 덧입혀 놓은 우리의 삶은 과연 창조주 앞에 옳은가?

멋진 찬양이란 색 조명 입혀진 곳에서 손들고 눈물 흘리는 것만이 아니다. 아무것도 입히지 않은 창조 순간의 모습 그대로 자신에게 만족을 느끼는 상태가 바로 창조물의 옳은 찬양이라고 할 것이다.

나는 창조물로서 창조주의 창조목적을 완수하고자 소년원 퇴원생 교회를 개척하였다. 보라, 이리저리 제멋대로 자라는 소나무가 되어 삐뚤어진 것들의 목회자가 된 것이다. 주는 소나무로 자란 나를 잘라다 집을 지었다. 나의 창조목적은 방랑벽이나 역마살이 아니라 방랑하고 떠도는 것들의 집이었다.

후스는 알았을까

체코
[Czech]

　낭만의 도시라 불리는 체코의 수도 프라하의 구시가 광장은 그야말로 인산인해였다. 인기 드라마 〈프라하의 연인들〉 덕에 유럽여행 희망도시를 조사하면 꼭 상위권을 차지한다는 프라하의 명성이 그대로 느껴졌다.

　구시가 광장은 발 디딜 틈도 보이지 않을 정도여서 우리는 일단 발길을 돌려 카를교로 향했다. 블타바강에 놓인 프라하 다리에는 여러 종류의 공연이 벌어지고 있었다. 그중에서 노년의 남성으로만 이루어진 재즈밴드의 공연에 사로잡혀 한동안 발길을 멈추고 음악을 듣고 있었다.

프라하를 왜 낭만의 도시라고 하는지 알 것 같았다. 낭만이라고 하면 젊은 연인들의 타오르는 붉음으로 표현되곤 하지만 내가 카를교에서 느낀 낭만은 흰머리가 서린 노년의 사내들이 청바지 차림으로 악기를 들고 인생에 대한 이야기를 유유자적 블타바강에 흘려보내는 여유 따위였다. 그러나 나는 그 여유를 더 배우지 못한 채 왼쪽 언덕으로 보이는 프라하 성으로 바삐 움직여야했다.

프라하 성에 올라 프라하를 내려다보니 더도 말고 덜도 말고 어린 시절 엽서에서 보던 딱 그런 풍경이었다. 예쁜 다홍색 지붕이 수없이 깔려 있고 간간히 교회 첨탑들이 삐져나와 있는 전형적인 유럽의 이미지 말이다. 이걸 찍어서 유럽의 어디라고 말해도 다 말이 되는 그런 풍경이었다. 아니면 어린 시절 보아 오던 그 엽서 속 이미지가 딱 프라하였는지도 모르겠다.

성을 내려와 다시 카를교를 건너는데 다리 위에 줄지어 서 있는 석상 중 유난히 낯익은 석상이 하나 있었다. 맑은 하늘을 배경으로 두기에는 수척한 표정으로 묘사된 얀 네포무츠키 신부의 석상이었다.

언젠가 프라하에 대해서 알아보다가 이 석상에 얽힌 이야기를 접하게 되었는데 무척 인상 깊었다. 십자가를 들고서 당장이라도 쓰러질 듯 위태로운 포즈를 취하고 있는 이 신부는 바츨라프 4세 왕의 두 번째 아내인 소피아 왕비의 고해성사 신부였다.

가톨릭은 우리 개신교와 달리 고해성사라는 성사가 있다. 개신교에게 있어서 성사라면 성경에 근거한 세례식과 성찬식이 전부이지만 가톨릭에는 교회 전통으로 전해지는 아주 많은 성사들이 있는데 혼인성사도 중요 성사다. 그래서 가톨릭 신자들은 한 쌍의 남녀가 웨딩홀에서 결혼식을 올렸어도 성당에서 성사로서의 결혼식을 한 번 더 올려야 한다.

가톨릭의 주요 7가지 성사를 '칠성사'라고 하는데 그중에서 단연 대표적이라고 할 수 있는 성사가 바로 고해성사다. 고해성사란 한 성도가 죄를 지어 주님께 고해해야 할 때 그것을 고해성사를 담당하는 신부에게 고해하는 것이다. 고해를 들은 이 신부는 죄를 지은 당사자를 대신해서 하나님께 회개를 청한다.

성당에 가면 고해성사 방이 있다. 성도는 그 방에 들어가서 맞은 편 방으로 연결되는 쪽문을 통해 고해성사 신부에게 자신의 죄를 고백한다. 그러면 고해성사 신부는 하나님의 대리인으로서 그 죄를 듣게 되고 그 죄를 하나님께 아뢰며 어떻게 하면 그 죄가 속죄되는지 가르쳐 준다.

이를테면 신부가 얼마간의 예물을 드리고 몇 시간의 봉사활동과 얼마 동안의 회개기도를 하라는 명확한 기준을 제시하면, 성도는 제시된 행위들을 완수함으로써 죄로부터 깨끗하게 되었다고 믿는다. 다시 말해서 고해성사 신부는 성도의 모든 죄악을 다 알고 있는 셈이다.

실로 대단한 분들이 아닐 수 없다. 죄에 대해 알고 있으면서도 그 성도가 싫거나 믿지 않기 위해서는 엄청난 영적 싸움을 해야 할 것이다. 게다가 그 고해성사는 하나님 외에 절대로 누구에게도 전할 수 없도록 되어 있으니 간담 서늘한 죄악의 내용들은 오직 그 고해성사 신부의 가슴에만 쌓이는 것이다.

카를교 위에 석상으로 서 있는 얀 네포무츠키 신부는 바로 고해성사 신부다. 당시 왕은 왕비의 외도 사실을 알고자 얀 네포무츠키 신부에게 왕비의 고해성사 내용을 추궁하였지만 왕의 어명을 어기고 그는 끝까지 입을 닫았다. 그 이유로 사형을 당한다. 자신에게 부여된 사명을 지켜낸 현자가 아닐 수 없다.

그의 피골이 상접하여 피곤스러운 표정에서 고해성사 신부들이 떠안게 되는 무게감을 짐작할 수 있다. 그러나 개신교 견지에서 보면, 지지 않아도 되는 짐을 지어 죽음을 맞이한 안타까운 죽음이라고 할 것이다.

나는 개신교인이다. 아무도 하나님을 대리할 수 없고 해서도 안 된다고 믿는다. 때문에 내게 죄가 있을 때 나는 스스로 하나님 앞에 나의 죄에 대해 회개한다. 내게는 고해성사 신부가 필요하지 않다. 다시 말해서 내 기도를 하나님께 전달해 줄 중계인은 필요하지 않다.

개신교인은 자신 스스로 주님을 직접 만날 수 있는 제사장이라고 믿는다. 바로 이와 같은 주장들 때문에 가톨릭(가톨릭은 로마 가톨릭 이전의 보편교회를 의미한다)에서 우리 개신교는 분리되었다.

카를교를 건너 다시 찾은 구시가 광장에는 개신교의 현자 종교개혁가 얀 후스의 동상이 서 있었다. 아이러니하게도 카를교에 서 있

프라하 다리에는 공연이 벌어지고 있었다.
노년 남성으로 이루어진 재즈밴드에 사로잡혀 발길을 멈추고 음악을 듣고 있었다.

는 고해성사 신부도 이름이 '얀'이고 구시가 광장에 서 있는 이 종교개혁가 이름도 '얀'이다. 다른 번역은 '요한'이다.

체코는 얀 후스의 순교일인 7월 6일을 공휴일로 지정했다. 얀 후스는 개신교 사상을 철회하지 않아 1415년 7월 6일 가톨릭으로부터 화형을 당했다.

얀 후스는 독일의 루터보다 100년이나 이르게 개신교 사상을 실천한 사람으로서 루터 시기의 많은 개혁가들이 후스의 사상을 전해 받았다. 후스는 성직의 특별성을 부정하고 진리의 유일무이한 원천이 성서에 있다고 주장하며 이종배찬(二種陪餐)을 시도한 인물이다.

당시의 가톨릭은 신부, 사제, 교황과 같은 성직을 일반과 다르게 취급하였다. 그래서 성찬식을 할 때 성직들은 잔과 떡을 모두 먹고 일반 성도들은 잔 없이 떡만 먹었다. 성찬의 포도주는 예수의 피로서 성직에게만 허락된 것이었다.

그러나 후스의 성경은 그렇게 말하지 않았으며 그는 성경을 믿었기 때문에 일반 성도들에게도 포도주가 담긴 잔을 나누었다. 성경 어디에도 성직이라는 특별계층을 만들어 특별대우를 하도록 하는 규정이 없기 때문이었다. (1946년 이후부터 시작된 제2차 바티칸 공의회의 결정으로 로마 가톨릭은 이종배찬을 일반화하였다.)

예수그리스도의 복음 안에 있으면 상하의 구분 없이 모두가 평등한 형제자매요, 모두가 복음 안에서 제사장이라는 인식이 바로 개신교 사상의 원류다. 따라서 개신교 목사를 두고 성직이라 칭하는 것은 아주 커다란 오류다.

성찬은 예수 안에서 평등한 형제자매인 우리 모두에게 공통적으로 주어진 은혜라는 사실을 후스는 알고 있었다.

구시가 광장 중앙에 서 있는 얀 후스의 모습은 사실 얀 후스가 아니라고 한다. 아무도 얀 후스의 얼굴을 모르기 때문에 이 동상을 만들 때 체코인들이 생각하는 성인의 모습으로 만들었다고 전해진다. 얀 후스의 생김새에 대해서는 어떠한 자료도 남아있지 않다.

그는 진정 하나님의 사람으로서 쓰임 받고 하늘로 간 사람이다. 그는 자신을 남기지 않았다. 초상화 한 장도 남기지 않았다. 자신을 남기지 아니하고 주님의 뜻만을 남겨 순교로서 삶을 떠났다. 그는 이종배찬 실천과 면죄부 반대, 그리고 교황이 아닌 성서를 따라야 함을 주장하다가 산 채로 화형당했다.

그가 남긴 것은 자신의 뜻이 아니라 온통 주님의 뜻이었다. 그를 증명하는 얼굴은 이를테면 그저 주의 뜻을 위해 화형당한 기개가 전부다.

구시가 광장에 서서 얀 후스의 가짜 얼굴을 바라보는 동안 나는 상상해 보았다. 그가 화형되는 순간을 말이다. 너무 맑았다. 그가 성경대로 살기 위해 화형당했던 순간을 상상하기에는 너무 맑은 날씨였다. 얀 후스의 동상을 좀 더 잘 볼 수 있을까 하여 선글라스를 벗었을 때 너무 강력한 빛에 눈을 찌푸리고 말았다. 작열하는 햇빛 때문인지 아니면 화형에 맞서는 후스의 열정 때문인지 알 수 없었다.

많은 사람들이 얼굴 없는 얀 후스 동상 앞에서 자신의 얼굴을 들이밀고 인증샷을 찍어대고 있었다. 그의 순교가 낭만 여행의 배경이 되는 것은 슬프기 짝이 없는 노릇이었다. 그들의 소셜에 얀 후스의 동상은 해시 태그로 걸릴 것이다. #체코의 종교개혁가 #얀 후스 #화형.

그러나 얀 후스를 계승한 개신교는 낭만과 거리가 멀다. 오죽하면 이름 자체가 '개신교'다. 改(고칠 개), 新(새로울 신)의 조합이다. 이름 자체가 개혁을 의미하거니와 영어로는 Protestant, 반항자라는 뜻을 갖고 있다. 당시 가톨릭이 붙인 이름이지만 개신교 선대들은 그 이름을 자랑스럽게 생각하였다. 개신교는 옳음과 진리를 향하여 정진하고 시대적 오류에 항거하기 때문이다.

얀 후스는 로마교황청 기득권에 빼앗긴 성찬의 잔을 민중에게 돌려주었고 기득권에게 빼앗긴 성경을 체코어로 번역하여 민중에게 돌려주었다. 그는 성경대로 살고자 하였고, 성경과 다른 것을 인정하지 않는다는 것을 보여 주기 위해 목숨을 내어 놓았다.

초상화 한 장 남기지 않았기로 오직 영원하신 주님만이 그의 얼굴을 기억하신다. 작은 것 하나라도 나의 업적으로 남기려고 애를 쓰는 내 모습과는 너무 다른 얀 후스가 부럽다. 없는 게 없다는 유럽에도 없는 게 있었으니 얀 후스의 얼굴이었다.

어느새 뉘엿뉘엿 해가 지고 저녁을 먹고 나니 프라하 중심가 전역에 야경을 조성하는 조명들이 켜졌다. 카를교와 프라하 성에 멋진 조명들이 줄지어 불을 밝혔다. 말로만 듣던 프라하의 야경이었다. 그러고 보니 '낭만의 도시 프라하'라고 소개되는 사진들에는 꼭

이 야경이 배치되어 있었다.

얀 후스의 동상에도 조명이 켜졌다. 후스의 발 아래에서 위쪽으로 펼쳐지는 조명들은 후스의 동상을 더욱 근엄하고 진중한 모습으로 연출해 주었다. 당시 중세의 화형은 산 채로 나무에 묶어 행해졌다고 하니 발 아래의 장작들에서 타오르는 불빛이 마치 지금의 조명들처럼 비쳐졌을 것이다.

주변의 모든 관광객들이 프라하 야경으로서의 얀 후스를 촬영하며 감탄하는 사이, 나만 그저 우두커니 얀 후스를 바라보며 1415년 7월 6일 화형의 순간을 머릿속에 그려 보았다. 화형을 지켜보던 사람들은 타오르는 불길에도 뜻을 철회하지 않고 미동 없었던 얀 후스의 모습에서 흔들림 없는 복음을 보았을 것이다.

후스는 알았을까? 자신이 죽고 100년 후에 자신이 남긴 사상이 이웃나라 독일의 루터라는 사내를 통해 개신교로 발현되리라는 사실을. 후스는 알았을까? 자신이 죽고 600년 뒤에 지구 반대편 한반도에서 온 내가 자신을 태워 만든 진리의 야경을 가슴에 담게 될 것임을 말이다.

얀 후스는 죽기 4년 전인 1411년, 벌써 교황청으로부터 파면 당하여 모든 설교를 금지 당했지만 그의 가르침은 600년이 지난 지금도 성도들의 가슴에 멋진 야경으로 스미고 있다.

?

카지노는 처음인데

?

마카오
[Macao]

학창 시절 보통의 주변 또래들과는 다르게 나는 게임 중독에 시달린 기억이 없다. 컴퓨터 게임은 학창 시절의 남자 아이들이 한 번 정도 빠지는 중독이라는데 나는 전혀 게임류에 열정을 쏟아 본 일이 없었다. 때문에 PC방을 서성이지도 않았고 그 흔한 판치기에도 취미를 붙이지 않았다.

내 학창 시절의 모습은 조 PD 1집 수록곡 'Party on!'의 가사 '주로 동네 공터 같은데서 음악이나 듣고 따라 부르고 이리저리 다니고 하는 게 더 좋아'와 아주 똑같았다.

1999년 1월, 그러니까 중학교 2학년 겨울방학 때였다. 조 PD를 접한 후로 나는 힙합 음악에 완전히 중독되어서 게임을 할 겨를도 없었다. 좋아하는 뮤지션의 신보가 발매되기 전날에는 까만 밤을 하얗게 지새우기도 했다. 그렇게 지새워 손에 넣은 카세트테이프를 카세트에 넣고 플레이 버튼을 누르면 그 흑형들은 하얗게 지새웠던 나를 다시 까맣게 만들어 버리곤 했다.

내가 가장 사랑하는 시간은 날씨 좋은 날, 헐렁하다 싶은 편안한 옷을 입고서 이어폰을 꽂고 어디든 한없이 걷는 것이다. 물론 그때 와는 다르게 지금은 힙합 외에도 여러 종류의 흑인음악을 두루두루 들으며 걷지만 말이다. 아마 이 걷기가 지금의 여행으로 발전된 것 같다. 나의 음악도 별 게 아니라 그저 이 '걷기'를 통해 묵상한 주님의 이야기들을 곡으로 풀어 낸 것들이다.

마카오에 처음 도착해서 했던 일도 음악을 들으며 걷기였다. 그날은 어느 빅밴드의 연주음악을 들으며 내 나름의 시선으로 마카오를 들여다보았다. 슬금슬금 스네어 드럼을 브러쉬로 간질거리고 있지만, 실제로는 단단할 것 같은 드러머의 하박근육과 콘트라베이스를 움직이는 연주자의 두꺼운 손가락이 머릿속에 그려지는 곡이었다.

그중에서도 마카오는 뭐랄까? 넘어질 듯 말 듯 비틀거리며 건반 위를 거닐면서 검은 건반과 흰 건반의 규칙적인 배열이 싫다는 듯 흐트러지라고 땡깡을 피우는 이 빅밴드의 피아노와 닮아 있었다.

아니면 뭐랄까? 커피숍에 앉아 끝도 없이 수다를 떨 수 있는, 말

?

많고 붙임성 좋게 재기발랄하면서도 수줍음 많은 새내기 여대생 같았다. 마카오는 내게 자기 얘기를 좀 들어 보라고 난리법석을 떨다가도 '아, 아니에요'를 연발하며 쑥스러워 했다. 나는 손가락이 가늘고 긴 캠퍼스 앞 커피숍 알바 오빠도 아닌데 말이다.

마카오는 즐거워 보이면서도 비밀이 많아 보였다. 카지노의 화려한 네온 불빛에 가린 탕자들의 누추한 표정은 비밀이다. 실은 홍콩 갈 때 덤으로 끼워 가는 곳이 바로 마카오라는 사실도 비밀이다.

거닐고 거닐다가 카지노가 즐비한 어떤 거리에 도착하였다. 나는 카지노의 외관만을 둘러보다가 이어폰을 빼고 번쩍번쩍한 카지노 한 곳에 들어가 보았다. 게임에는 별 관심이 없는 나였지만 공적으로나 사적으로나 마카오의 이미지라면 결국 이 카지노니까 말이다. 꽤 고급스러워 보이는 카펫을 걷게 되었다. 그런데 여기저기에 담배 그을린 자국과 껌 눌린 자국이 있어서 고급스럽다가 말았다.

알아들을 수 없는 중국어를 건네며 자리를 안내해 주는 직원에게 '뚜이뿌치 한궈런'이라고 말했다. 내가 유일하게 할 수 있는 중국어다. '미안해요. 한국 사람이에요.'라는 뜻인데 제법 '중국어 못 알아들어요'라는 뜻으로 통해서 유용하다. 실제로 '중국어 못 알아들어요'는 어떻게 말하는지 모른다.

직원은 내 말을 알아듣고 말없이 자리를 안내했다. 편안한 인상에 고급스러워 보이는 옷을 입은 직원은 왜인지 내가 착석을 했는데도 자기 자리로 돌아가지 않고 내 곁에 서 있었다. 나는 왜 그러고 서 있는지 몰라서 빤히 쳐다 보았다. 그러자 곱고 가지런히 했던

마카오는 즐거워 보이면서도 비밀이 많아 보였다.
카지노의 화려한 네온 불빛에 가린 탕자들의 누추한 표정은 비밀이다.
실은 홍콩 갈 때 덤으로 끼워 가는 곳이 바로 마카오라는 사실도 비밀이다.

자신의 오른손을 펴더니 엄지와 검지를 비비었다. 팁을 달라는 표현이다. 팁을 받기 위해 열심히 일하는 것은 절대 나쁜 방법이 아니지만 노골적으로 손을 비비는 행동은 별로였다.

그러니까 이 직원 역시 지나온 카펫처럼 고급스럽다가 말았다. 팁을 줘버리고 주변을 좀 둘러보았다. 카지노라고 하면 아주 유쾌한 공간일 거라 생각했었는데 그곳은 생각보다는 엄숙한 분위기였다.

그곳이 하필 엄숙한 분위기 속에서 진행되는 게임을 하는 카지노였는지 아니면 본래 카지노란 것이 여기뿐만 아니라 어디를 가도 그런지는 모르겠다. 딱 그곳 한 곳만 들어가 보았으니 나로서는 알 수 없었다. 다른 카지노를 구경해 볼 수도 있었지만 처음 들어가 본 그곳이 내게 처음이자 마지막 카지노가 된 이유가 있었다.

내가 들어간 곳은 '러시안 룰렛'이라는 게임을 하는 곳이었다. 이름 그대로 머리에 총을 겨누는 게임은 아니고 '러시안 룰렛'을 할 때 권총에 총알을 하나 넣고 탄창을 휙 돌리듯 회전판을 돌리며 하는 게임이다.

영화에서 몇 번 보았던 기억이 나는 익숙한 모양의 기계였다. 원형으로 생긴 회전판을 돌린 후에 회전 중인 판 위로 구슬을 던져서 운을 가리는 게임이다.

신명나게 돌아가는 회전판을 바라보는 사람들의 표정이 무척 진지했다. 사람들은 세상 오만상을 다 끌어안고 앉아서 어떤 버튼을 누르고 있었다. 카지노인지 도서관인지 아니면 절간인지 알 수 없는 그곳에서 나도 왠지 경건한 마음으로 돈을 투입했다.

마카오달러는 투입되지 않는 기계였으나 다행히 홍콩달러를 소지하고 있었기에 투입할 수 있는 가장 작은 단위인 100홍콩달러를 투입했다. 그러자 한동안 알 수 없는 중국어가 지나가고 이어 내 앞의 버튼 2개가 깜빡거렸다. 나는 미간에 잔뜩 힘을 준 다음 에라, 모르겠다 싶어서 두 개의 버튼을 동시에 눌렀다. 회전판이 돌기 시작하더니 예쁘게 생긴 쇠구슬이 내동댕이쳐졌다. 그리고는 회전판이 멈추었다.

어릴 때부터 이런 거 당첨 된 역사가 없는 나였다. 하다못해 초등학교 앞 종이 뽑기도 언제나 꽝이었고 교회에서 행운권 추첨할 때 그 흔한 양말도 받아본 일이 없다. 아니나 다를까 회전판이 심심하게 멈추었다.

'아, 꽝이로구나.'

당연한 결과라고 생각하며 자리에서 일어났다. 100홍콩달러면 우리나라 돈 약 15,000원이니까 그럭저럭 마카오 카지노를 경험하는데 쓴 돈이라고 생각했다. 돌아가려는데 갑자기 기계에서 팡파르가 울렸다. 무슨 영문인가 싶어서 기계를 바라보는데 갑자기 서랍 같은 것이 덜컥 열렸다.

무슨 상품권 같은 종이 10장이었다. 영문을 몰라 주변을 살펴보았는데 그렇게도 근엄하게 자신의 버튼을 누르며 참선 중이던 사람들이 일제히 일어나 나를 놀란 눈으로 바라보고 있었다.

그 상품권을 들고 창구로 가서 현금으로 교환하니 무려 10배가 불어난 금액이었다. 15,000원이 150,000원으로 돌아온 것이다. 나는 반사적으로 이런 생각을 했다.

'이거 한 번 더 하면 1,500,000원으로 불겠는데?'

100홍콩달러 10장을 지급받은 나는 다시 자리로 돌아가 룰루랄라 아주 1000홍콩달러를 다 몰아서 투입할 작정이었다. 100홍콩달러 한 장을 먼저 투입했다.

그리고는 두 손을 곱게 모아 수능시험 보는 수험생처럼 간절하게 속삭였다.

"주님, 제발… 한 번만 더!"

두 번째 장을 넣으려는데 옆자리 아저씨가 마치 통성기도를 하듯 주문인지 무엇인지 떠드는 소리가 들렸다. 알아들을 수 없는 중국어로 떠들고 있으니까 꼭 방언기도 같았다. 어떤 종교를 가진 사람인지는 알 수 없었지만 그가 어떤 기도를 했는지는 금방 알 수 있었다.

그는 기도한 후에 기합을 넣고 돈을 투입했고 회전판이 돌아가는 동안도 기계를 잡고 기도인지 주문인지를 계속 해 대었다. 그 모습을 보고 있자니 침이 꼴깍 넘어가면서 순간 겁이 났다. 주문 외우는 아저씨와 내가 다르지 않다고 느껴졌기 때문이다.

수고 없이 원하는 것을 손에 넣을 수 있다는 달콤한 상상력으로 기도하기는 무척 쉽지만, 결국 그런 기도는 주님을 자판기로 생각하는 처사였다. 내 눈앞에 커다란 돈놀이 기계가 순식간에 나의 우상이 되었음에 놀라서 100홍콩달러를 투입한 채로 그냥 두고 자리에서 일어났다.

그리고는 고급스럽다가 말아버린 그 직원을 지나쳐 고급스럽다
가 말아버린 카펫을 지나 도망치듯 뛰쳐나왔다. 물끄러미 그 커다
란 카지노 건물을 바라보았다.

이상했다. 카지노는 처음인데? 그 고급스럽다가 말아버린 모습
이 참 익숙했다. 안타깝게도 조악한 장식물로 멋을 부려 놓은 카지
노의 외관은 예수는 없고 형식과 허울에만 치우치는 어떤 교회들과
닮아 있었다. 카지노 안의 절실한 도박꾼은 자신의 이익을 위해 주
님을 자판기 취급하는 어떤 성도와 무척 닮아 있었다.

사건사고를 일으켜 뉴스에 심심치 않게 등장하는 목회자들의 조
악한 권위의식은 전혀 진실한 권위가 아니다. 마치 카지노의 카펫
처럼 고급스러운 척을 하지만 더럽고 불쾌할 뿐이다. 섬김을 받으
러 오심이 아닌 섬기러 오신 예수님을 따라서 낮아지라 했더니, 낮
아지는 척을 하지만 결국 고급 카펫의 모양으로 낮아지려는 반쪽짜
리 겸손이 불쾌하기 짝이 없다.

그 고급스럽다가 말아버린 카지노 직원은 또 얼마나 우리네와 비
슷한지, 남을 돕고 섬기는 것처럼 보이지만 결국 자신의 선행이 만
방에 알려지기를 학수고대하며 칭찬과 보상을 요구하는 성도들과
닮았다.

우리들의 이유 있는 섬김은 주님의 무조건적인 사랑과 다르다. 오
히려 우리는 기도하는 도박꾼의 모습과 닮아 있다. 요즘도 성도들

에게 예수님은 돈을 부풀려 주거나 사회적 성공으로 인도하는 보험으로 인지되고 있는 경우가 있다. 어떤 설교에서는 예수가 500원 짜리 기도를 넣었더니 60배 100배로 부풀려서 내어 놓은 카지노 기계로 소개된다.

우리는 현실을 살면서 주님께 '양'적인 기적을 바라지만 본론적인 기적은 이 낮고 작은 죄인에게 오셔서 복음이 되어 주셨다는 '영'적인 기적임을 기억해야 한다.

주님의 복음은 우리를 어떤 경쟁에서 최고가 되도록 해 주시는 것이 아니다. 복음은 우리를 1등으로 만들어 주지 않는다. 그러나 복음은 우리를 하여금 '1등이다, 2등이다' 하는 경쟁의 속박에서 끊어낸다. 따라서 복음은 우리를 경쟁과 무관한 완전한 백성으로 대우한다.

오병이어 사건을 떠올릴 때 우리는 보통 양적인 기적을 탐닉한다. 많이 먹었다는 것에 집중하는 것이다. 오병이어에 등장하는 꼬마가 카지노에 돈을 투입하듯 자신의 도시락을 드렸더니 엄청나게 크게 터졌다는 식으로 말이다.

그러나 오병이어의 핵심은 '많이 먹었다'가 아니라 '배고픔을 아시고 먹였다'이다. 예수의 오병이어는 단지 기적이 아니라 배고픔이라는 생리적 현상과 관련이 있다. 오병이어 사건은 신이 인간이 되심으로 가능했던 예수의 생리적 공감능력을 말해주기 때문이다.

예수께서는 안드레에게 이렇게 질문하신다.

"이 많은 사람들을 어떻게 먹여야 하겠냐?"

예수께서는 배고픔을 아는 인간이기 때문에 청중의 배고픔을 공감하는 중이다. 이것은 우리에게 복음이다. 우리가 다시 한 번 상기할 것은 하늘 하나님께서 땅의 예수로 오심이 복음이라는 사실이다. 오병이어 사건에서 예수께서는 많이 먹이기를 바란 것이 아니라 단지 모든 자녀를 먹이고 싶으셨다.

12광주리가 남았음은 12명을 더 먹일 수 있다는 의미가 아니다. 이 부분을 인용하여 많은 경우 배불리 먹고도 남을 만큼 큰 이적을 이루신 것으로 카지노 예수를 설파하지만, 성경에서 12라는 숫자는 완전한 숫자를 의미한다.

12지파, 12제자를 상기하면 좋은 예시가 되겠다. 12광주리는 12명을 기다리고 계심이 아니라 모든 자녀를 기다리고 계심을 나타낸다. 예수의 오병이어 사건은 나와 여러분에게 양적인 기적의 소재가 아니라 인간이 되신 하나님의 인격적 기다림으로 새롭게 묘사되어야 한다.

지난해 이스라엘 갈릴리 언덕에 올라 느꼈던 산들바람이 기억난다. 그 언덕에는 주님께서 도시락 12개를 들고 그윽하게 서 계셨으리라. 사람들은 모두 예수의 이적을 보고 감탄하고 있었지만 주님께서는 그 그윽한 눈으로 갈릴리 너머 지구 반대편의 기근을 보고 계셨으리라.

그 시선은 지구를 반 바퀴 돌아서 시차가 6시간 나는 한반도의 우리에게도 닿았다. 갈릴리의 언덕에는 아무런 건물도 없었고 아무런 카펫도 없었고 아무도 없었다. 그곳에는 단지 고단한 예수가 그윽한 눈으로 슬프게 서 있을 뿐이었다. 나는 교회의 모습이 바로 그래야 한다고 믿는다.

　고단하지만 여전히 그윽한 눈으로 슬프게 서 있자. 자신의 배부름에 머물지 아니하고 여전히 배고픈 어떤 곳을 응시하는 것이 믿음을 가진 사람들의 눈이어라.

　우리는 카지노 교회를 건축하는 인간적 업적을 그만두고 나 개인이 작은 예수로 서는 것이 성도의 숙명임을 인정해야 할 것이다.

?

나는 어떨까

벨리즈
[Belize]

그 덩치 큰 흑인 보안 직원들이 우리를 어떤 방에 가두었다. 그들은 두꺼운 입술을 움직이며 음성을 변조시킨 듯 두꺼운 목소리로 내게 말을 걸어 왔다.

왜 비자도 없이 왔냐는 말인 것 같은데 이들의 영어는 쉽게 알아들을 수 없었다. 영국 식민지였던 탓에 영국영어 같기도 하고 주변의 모든 국가들이 스페인어를 쓰기 때문에 스페인 억양도 들리는 듯했다.

그 방에 처음 들어갔을 때는 감금되었다고 생각지 못했다. 그냥 비자 발급을 위한 인터뷰를 하려나 보다 생각했다. 그런데 왠지 물어 오는 말에 대답을 해주면 다짜고짜 소리를 지르고 탁자를 쿵쿵 치는 등 상대는 이상행동을 연이어 하였다.

좀 수상하다고 느낄 즈음, 화장실을 다녀오겠다며 내가 일어서자 방안에 있던 보안직원들이 달려들어 내 두 팔을 결박했다. 아, 뭔가 잘못되고 있다는 생각이 들었다. 직원 둘의 감시 하에 화장실을 가게 되었는데 나오려던 소변도 쏙 들어가는 기분이었다. 화장실에서 그 덩치들은 내게 비자 살 돈이 있느냐고 물었다. 화장실에서 계속되는 비자 인터뷰라니 아무리 생각해도 수상했다.

다시 방으로 돌아가니 그들은 우리에게 90일 비자라고 생각하기에는 터무니없는 금액을 요구하였고, 결국 우리는 본래의 가격보다 훨씬 비싼 요금을 지불하고 비자를 받았다. 그들은 우리가 비자 없이 벨리즈에 도착했기 때문에 불법이고 그 불법에 대해서 일종의 벌금을 지불한 것이라고 설명했다.

말이 안 되는 상황이었지만 순순히 그 돈을 지불하였다. 비자 없이 공항에 도착한 것이 불법이라니 세상천지에 없는 법이다. 그러나 법에 대한 씨름도 할 만한 곳에서 해야지 이곳에서는 소진일 뿐이라는 생각이 들어서 그만두었다. 이런 불합리한 일은 공항에서는 좀처럼 일어나지 않는 일이다.

그러나 육로 국경에서는 빈번하게 일어나기 때문에 생각해 보면 처음 겪는 일은 아니었다. 개발도상국들의 후미진 국경에서는 국경 관리자가 자신의 임의대로 비자가격을 높여 주머니를 채우기도 한다. 정부의 손이 닿기 어려운 지역에 대강 콘테이너로 버려두듯 만들어진 국경 사무실에서는 충분히 가능한 일이다.

국경 일대의 권력을 완전히 거머쥔 지독한 놈에게 걸리면 상상할 수 없는 돈을 지불하게 될 수도 있다. 어디에도 설명이 없는 통행세를 지불하라고 윽박을 지르기도 하는데 여행자들의 여행 후기를 읽어 보면 이런 일은 심심치 않게 있는 일이다. 치안이 좋지 않은 육로 국경에 도달할 때도 어쩔 수 없이 감수해야 하는 일이다.

법의 도움을 받겠다고 경찰을 불러도 그 지역 경찰이 이미 국경 관리자와 한통속인 경우라면 더욱 돈을 많이 내게 될 가능성도 배제할 수 없다. 게다가 경찰이 오는 동안 국경 운영 시간이 끝나서 다음날까지 기다려야 하면 방도 잡아야 하거니와 여러 가지로 일정이 꼬여 기분이 지랄이다.

대한민국 대사관에 전화해서 도움을 요청하려고 해도 핸드폰은 수발신이 안 되기가 일쑤고, 억지로 연결이 된다고 해도 그 통화료나 달라는 돈이나 별로 차이가 없다. 결국 후미진 국경에서 비자 문제가 발생하면 지치는 쪽은 언제나 여행자 쪽이지 국경 관리자 쪽이 아니다.

이런 문제는 치안 상태가 좋지 않은 나라를 내 발로 들어가는 중이니 내 몫이라며 마음을 다독이고서 비싼 비용으로 비자를 받아 벨리즈의 공항을 빠져 나왔다. 비자를 내어주는 직원이 하는 말이 대한민국과는 올해(2014년) 12월부터 90일 무비자 협정이니 참고하라고 했다.

어차피 다시 올 일은 없을 것 같아서 비자 모양은 확인도 하지 않고 배낭에다가 여권을 던지듯 쑤셔 넣고서 택시를 잡아탔다.

공항이 이 정도라면 밖은 무법지일지도 모른다는 생각이 들었다. 이미 어둠이 짙은 시각, 공항을 나와서 벨리즈의 수도 벨리즈시티를 가로지르는 동안 가로등이 없는 구간이 참 많았다. 시내 한복판에 가로등 시설이 이렇게나 부재라면 치안의 상태는 내 생각 이상으로 좋지 않을 것이 분명했다.

나중에 알았지만 벨리즈시티 내의 퀸스트릿, 조오지스트릿, 크랄로드와 같은 주요 지역은 치안 문제로 인해 여행객들에게는 낮에도 출입이 금지되고 있었다. 단지 우리의 목적지인 키코커섬만은 관광객 유치를 위해 상대적으로 치안에 신경 쓰는 지역이라고 들었다. 대부분 벨리즈를 찾는 여행자들은 우리처럼 키코커섬으로 향한다.

키코커섬으로 향하는 선착장으로 가는 길, 가로등도 없는 도로를 달리는데 우리가 탄 택시는 라이트도 고장이었다. 게다가 운전석의 문짝은 아예 없었다. 기사는 핸들을 부여잡고 자동차 앞 유리에 이마를 바짝 대고서 길을 살피며 운전을 했다. 운 좋게 좋은 차들이 지나가면 그 차가 뿌려준 불빛에 의지해서 운전을 했다. 혹은 그 차의 꽁무니를 따라가며 빛을 동량 받아야 했다.

벨리즈는 빈부의 격차가 엄청난 나라였다. 고급 승용차와 문짝이 떨어지고 라이트가 고장 난 차가 같은 도로 위를 아무렇지도 않게 함께 달렸다. 내가 탔던 택시처럼 수리 불가한 사고 차량이 버젓이 영업용 택시로 움직이는 곳이 바로 벨리즈였다.

이윽고 키코커섬으로 들어가는 배를 탈 수 있는 선착장에 도착하여 빠르게 배표를 끊고 뱃길에 올랐다. 어둠이 깔린 카리브해였다. 그제야 안도의 한숨이 내쉬어졌다. 파도가 적어 온유한 뱃길을 두둥실 가는 동안에 마음이 매우 안정되는 것을 느꼈다.

손을 뻗어 내리면 카리브의 바닷물이 손에 만져지는 작은 보트 위에 앉아 하루를 돌아보았다. 벨리즈 공항에서는 감금과 비자 사기를 당했다. 공항에서 잡아탄 택시는 라이트가 고장이었고 그 택시로 가로등이 없는 길을 달려 키코커섬으로 향하고 있었다.

나는 그제야 쫓기듯 공항을 빠져나오느라 가방에 아무렇게나 구겨 넣어 두었던 벨리즈 비자를 꺼내 보았다. 대강 볼펜으로 비자 정보를 끄적인 스티커가 방정맞은 몰골로 여권에 부착되어 있었는데 가격 란에는 내가 지불한 것보다 한참 모자란 금액이 표기되어 있었다.

그래도 온유하게 우리를 맞이하는 카리브해를 보니 오기를 잘했다는 생각이 들었다. 비자, 이 종이 쪼가리 하나가 뭐길래 이게 없다고 카리브해를 보지 못할 뻔했다. 키코커섬에 도착한 우리는 바다가 잘 보이는 방으로 숙소를 잡고 곧바로 지친 몸을 눕혔다.

아침이 되어 창밖으로 보이는 카리브해는 굉장했다. 그동안 많은 바다를 경험했지만 카리브해는 단연코 최고였다. 현실에 존재하는 것이 불가능한 색을 지닌 푸른 바다가 눈앞에 펼쳐져 있었다. 어제 지불한 비자의 비용이 저렴하다고 느껴졌다. 만약 카리브해를 맛본다면 캔디바의 하늘색 부분 맛이 날 것 같았다.

늦은 아침을 먹은 후, 벨리즈에 온 목적을 달성하기 위해서 샤크 투어를 신청하러 갔다. 매표소에는 시간표가 없었다. 출발 시간이 정확하지 않고 신청자가 가득 찰 때까지 기다렸다가 배가 만석이 되면 출발한다는 것이다. 만약 만석이 안 되면 어쩌냐고 물으니 뱃사공은 그럼 내일 간다고 실실 웃으며 어깃장을 놓았다.

장난기 많은 이 뱃사공은 자신의 이름은 '릴로드'라고 소개했다. 릴로드는 '재장전'이라는 뜻인데, 그는 손으로 권총 모양을 만들어 철커덕 재장전하는 시늉을 하면서 자신의 이름을 실감나게 설명했다. 또 그가 말하기를, 기다리는 동안 지루해 하지 말고 자기 개랑 놀아주라고 했다. 그 개의 이름은 코코넛, 코코넛 껍데기를 무척 좋아해서 지은 이름이라고 했다.

릴로드는 내게 이름을 물었는데 내 한국어 이름을 몇 번 따라해 보더니 어렵다면서 다짜고짜 뭘 좋아하냐고 물었다. 나는 'Music'이라고 답을 했고 릴로드는 후로 나를 'Mr. Music'이라고 불렀다.

코코넛 껍데기를 좋아하는 자신의 개에게 코코넛이라는 작명을 해준 것과 같은 기술이다. 릴로드는 자신의 개가 코코넛 껍데기를 얼마나 좋아하는지 보여주겠다며 코코넛 껍데기를 던졌는데 정말이지 개가 환장을 했다. 나더러 해 보라고 할 것처럼 하더니 자기가 신이 나서 한참을 놀았다.

카리브해를 배경으로 흑인 소년과 커다란 개가 코코넛 껍데기를 주고받으며 노는 모습이 참 아름다워 보였다. 그러는 사이 단체 여행객이 와서 다행히 배는 순식간에 만석이 되었고, 우리는 얼마 지

키코커섬으로 향하는 선착장에 가는 길,
가로등도 없는 도로를 달리는데 우리가 탄 택시는
라이트도 고장이었고 운전석 문짝은 아예 없었다.

나지 않아 샤크투어를 출발할 수 있게 되었다.

릴로드가 코코넛에게 'Last ONE!'이라고 외치며 마지막으로 코코넛 껍데기를 던져 주었다. 개가 코코넛 껍데기를 잡으러 뛰는 사이 배는 출발했다. 나는 배 위에서 멀어지는 코코넛을 지켜보고 있었는데, 코코넛은 코코넛 껍데기를 물고 돌아와 백사장에 우두커니 서서 멀어지는 우리 배를 보고 있다가 금방 코코넛 껍데기를 내동댕이치고 주저앉아 버렸다.

나는 알게 되었다. 릴로드는 이 개가 코코넛 껍데기를 좋아해서 코코넛이라고 이름을 지어 주었지만 정작 이 개에게 중요한 것은 코코넛 껍데기가 아니라 릴로드였다. 릴로드 없이는 코코넛 껍데기도 의미가 없다.

카리브해를 떠나며 그 개를 보고 있자니 어떤 질문이 내게 당도했다. '나도 주님이 없다면 내 음악이 의미 없다고 여길까?' 쉽게 대답할 수 없는 자문이었다. 코코넛이라는 이름을 가진 개는 사실 코코넛 껍데기가 아니라 그 이름을 지어준 주인을 최고의 가치로 사모했다. 나는 어떨까? 음악을 가장 좋아한다고 대답한 나는 내 음악이 아니라 내 음악의 수신자 되시는 주님을 최고의 가치로 사모하는 걸까?

샤크투어 포인트에 도착해서 릴로드는 상어들을 모으기 위해서 먹이를 뿌려대었다. 삽시간에 널스샤크들이 무더기로 모여들었다. 배에 타고 있던 어떤 여성은 소스라치며 울음을 터뜨렸다. 아무튼

?

널스샤크라고 해도 샤크는 샤크였기 때문이다. 나도 처음에는 눈이 휘둥그레져서 멍하니 육고기를 씹어대는 널스샤크들을 바라보고 있었다.

우와! 정말로 상어였다. 아쿠아리움에서 두꺼운 유리판을 놓고 보는 상어와는 기분이 완전히 달랐다. 얼핏 작은 놈들은 커다란 메기 같아 보이기도 했지만 커다란 놈들은 등에 지느러미를 뾰족하게 세운 모습이 영락없는 상어였다. 개중에 나보다 훨씬 큰 놈들도 있었다. 널스샤크는 온순한 상어로서 수심이 낮은 곳에만 서식하는 종류의 상어들이다.

"사람은 안 물어! 사람은 안 물어!"

릴로드는 반복적으로 떠들면서도 계속 먹이인 고기를 뿌리고 있었다. 그러니까 이 상어들도 결국 육식이라는 얘기였다. 게다가 상어들이 먹이를 먹는 소리가 꽤 선명하게 배 위로 들렸다. 와그작와그작 뼈를 씹어 먹는 소리가 대단했다.

나를 포함한 대부분의 사람들이 쉽게 물속으로 들어가지 못하고 몰려드는 상어떼를 구경만 하고 있었다. 충분히 상어들이 모였는데도 릴로드는 계속 고기를 뿌렸다. 아마도 고기를 뿌리는 이유는 모으기 위함보다는 배부르게 하여 사람을 해치지 않도록 하기 위함인 것 같았다. 아쿠아리움 어항 속에서나 보았던 상어가오리들도 한두 마리 모여들더니 금세 떼거지가 되었다. 마치 상어양식장을 방불케 했다.

충분히 배를 불리고는 먹이 주기를 끝낸 릴로드가 먼저 물속으로 첨벙 뛰어들었고 가장 큰놈의 등을 쓰다듬었다. 적어도 자신보다는 커 보이는 상어를 끌어안고서 배시시 웃었다. 나를 포함한 배 위의 사람들은 그제야 널스샤크와 상어가오리가 온순한 놈들이라는 릴로드의 말을 믿을 수 있게 되어 첨벙첨벙 뛰어들었다.

세상에나. 내가 상어를 만져보게 되다니! 널스샤크들은 무척 거친 피부였고 상어가오리는 미끄러웠다. 상어들과 함께 스노클링을 하며 보게 된 물속 풍광은 아름다웠다. 깊은 수심에서의 스킨스쿠버와는 느낌이 아주 달랐다. 수면과 가까워 물속이 밝았으니 그렇게나 맑고 투명한 바다는 본 일이 없었다.

청명한 하늘에서 상어가 뛰노는 모습이 그려진 물 많은 수채화 같았다. 정말이지 하늘의 푸름을 그대로 바다에 풀어놓은 듯했다. 산호초들은 또 얼마나 각양각색인지 마치 색동구름처럼 보였다. 구름이 바람에 넘실거리듯 물살에 흔들리는 산호초들 사이로 작은 열대어들이 노닐었다. 그 모습이 꼭 푸른 나무 사이를 쩍쩍거리며 노니는 작은 새들 같았다. 그 풍광 안에서 함께 수영 중인 나는 마치 하늘을 날고 있는 기분이었다.

어제 치른 비자 가격이 한없이 더 저렴하게 느껴졌다. 만약 비자를 받지 못했다면 이 풍경을 보지 못했다고 생각하니 아찔하고 현기증까지 나려고 했다. 어제 나를 감금했지만 비자를 발급해 준 흑인 덩치들의 얼굴이 생각나자 감사하는 마음마저 일었다.

세계를 여행하며 많은 바다를 보았지만 벨리즈에서의 카리브해는 마치 천국이 바다로 쏟아져있는 것 같았다. 꿈 같은 시간을 보내

?

고 다시 육지로 돌아왔을 때 코코넛이라는 그 개가 코코넛 껍데기를 문 채 꼬리가 사라지도록 흔들며 릴로드를 반겼다.

자신이 가진 최고의 것을 들고 나와 기쁨에 막춤을 추고 있었다. 아니면 다시는 가지 말라고 몸서리를 치는 것 같기도 했다. 그 모습을 보자니 또 자문이 시작되었다. 과연 나도 나의 가장 귀한 음악을 들고서 저렇게나 주님을 반겼던가?

물놀이를 한 뒤라 그런지 허기가 졌던 우리는 쌀을 먹고 싶어서 중식당을 찾아가 볶음밥을 먹었다. 말없이 그저 우걱우걱 먹었다. 꼭 볶음밥 맛이 형편없어서는 아니었다. 머릿속에서 아까 보았던 그 바다 속 풍경이 지워지지 않아서였다. 볶음밥 속에 들어 있는 새우도 씹어 먹어도 되나 하는 조바심이 들었다. 카리브해를 다녀오니 저 순결한 바다가 키운 숭고한 새우를 씹어 먹는 것이 괜히 죄스러웠다.

숙소로 돌아가는 길에는 벌써 어둠이 내려앉고 있었다.

"헤이, 미스터 뮤직!"

익숙한 목소리에 돌아보니 릴로드였다. 그도 일과를 마무리하고서 코코넛을 데리고 산책 중이었다. 개는 또 코코넛 껍데기를 물고 있었다. 릴로드가 없으면 가치가 없는 그 코코넛 껍데기를 말이다.

밥 먹느라 잠시 닫아 두었던 자문이 다시 스쳤다.

'내 음악도 주님이 없으면 가치가 없을까?'

아까부터 릴로드와 코코넛 커플을 볼 때마다 내 속에 부어지는 자문은 혹시 고백을 바라시는 주님의 질문이 아닐까 생각했다.

　서로 연대할 수 있는 방식으로 기록된 공관복음서인 마태복음, 마가복음, 누가복음서에 공통적으로 등장하는 사건들이 있다. 그 사건들이 전기류에 해당하는 세 개의 공관복음서 모두에 기록된 것은 그만큼 예수의 정체성을 다루기에 중요한 사건이었다는 의미로 사료한다.
　한 여인이 예수께 나아와 자신의 귀한 향유를 부어 제사를 드리는 장면이 있다. 이는 예수께서 우리의 죄를 대신하여 죽으시리라는 사실을 이해한 한 죄인이 자기가 가진 최고를 드리고자 주님 앞에 엎드리는 장면이다.
　공관복음서 모두는 그 죄인이 예수께 귀한 향유를 드렸다는 것에 동의하고 있다. 마가복음 14장 3절에는 매우 값진 향유로 나타나 있고 마태복음 26장 7절에서는 매우 귀한 향유라고 말하고 있다. 누가복음 7장 46절에도 감람유를 등장시켜 누가복음 7장 37절의 향유가 비교적 매우 귀한 것임을 부각시키고 있다. 이 향유는 1리트라로 여겨지고 있는데 이는 당시 서민의 연봉을 들여야 살 수 있는 가치를 가지고 있었다.
　유대인 여성에게 있어 향유는 결혼의 지참금이자 소유의 전부다. 자신의 것을 소유할 수 없는 유대인 여성에게 향유는 소유할 수 있는 유일한 것이자 최고의 것이었다.
　로마가톨릭의 지난 해석과 같이 그녀가 만일 매춘부였다면 그녀

?

는 자신의 새로운 출발의 전제가 되는 소유 전체를 깨뜨린 것이다. 만일 그녀가 귀신들린 여성이었다면 그녀는 지역사회의 비방과 손가락질에도 불구하고 집에 모셔 둔 향유를 바라보며 아직 자신에게도 희망이 있다고 생각했을 것이다.

그 향유는 희망과 다름 아니었다. 그러나 그녀는 진정한 희망을 만나자 자신의 모든 것이었던 향유를 기꺼이 깨뜨린다.

만일 릴로드가 그녀를 만났다면 분명 그녀의 이름을 '향유'라고 지었을 것이다. 그녀는 동네에 소문난 죄인이었다. 바리새인의 집에 들어왔다는 자체가 몸서리쳐진다.

공관복음서 기자들이 그녀의 과격한 행동을 대속제물 예수의 그리스도적 정체성과 관련하여 빠뜨릴 수 없는 사건으로 여긴 마음에 동조한다면, 죄인인 나의 가장 귀한 것은 내 죄를 대속하시는 주께 드려져야 한다.

나의 음악은 이 여성의 향유와 같다. 죄 사함에 대한 나의 연약한 보답이자 작게 드려지는 모든 것이어야 한다. 따라서 나의 음악도 주님을 배제한다면 코코넛에게서 릴로드를 배제한 것처럼 아무런 의미도 방향도 없어진다는 결론에 닿을 수 있다.

주님을 배제한 나의 음악은 마치 비자가 없어서 국경에 감금된 여행자와 같다. 내 '신앙'은 곧 내 음악의 '비자'다. 나의 음악은 '신앙'이라는 비자를 통해 인간 세상의 국경을 넘어 영이신 주님께 당도한다.

현재 나는 히브리어로 랩한 시편 23편의 발매를 앞두고 있다. 많은 사람들이 나의 작업이 어떤 의미를 지니는지 물었다. 글쎄, 나는 그저 주님에게 말하고 싶었다. 내가 당신과 얼마나 가까이 있고 싶어 하는지를 말이다.

당신께서 사랑하신 다윗의 시를 다윗이 노래한 언어로 불러보고 싶었던 나의 마음은 사랑이라고밖에 달리 표현할 수식이 없다. 나는 아무도 시도하지 않았던 작업으로 더 새롭고 더 유창하며 더 노력한 무엇인가를 드리고 싶었다. 곡의 녹음을 끝내고 최종 모니터링을 위해 플레이버튼을 눌렀을 때, 불현듯 릴로드와 코코넛이 생각났더랬다.

그때 일었던 자문에 이제는 정확하게 대답할 수 있다. 내가 소유한 최고의 것인 나의 음악은 그녀의 향유처럼 주님을 향해 있다. 벨리즈의 국경직원들은 내게 좀 더 비싼 가격을 요구했지만 인간 세상의 국경을 넘어 주의 나라에 당도할 수 있는 비자는 모든 것을 드려야 발급된다. 향유를 깨뜨리고 그녀가 얻은 것이 바로 그것이었다.

이에 여자에게 이르시되 네 죄 사함을 받았느니라 하시니 _누가복음 7장 47절

?

182

혁명이란 무엇일까

쿠바
[Cuba]

청춘을 지나는 남자들은 너나 할 것 없이 사회주의 운동가 체게 바라(이하 체)에 대해서 특별한 감정을 느낀다. '체' 하면 떠오르는 사진이 한 장 있다. 혁명 베레모를 쓰고서 또렷하지만 여유 있는 눈빛으로 어딘가를 응시하는 이 사진은 수많은 젊은이들의 옷에 프린트되어 있고 심지어 몸에도 문신되어 있다.

이 사진은 쿠바의 화폐에도 인쇄되어 있을 뿐만 아니라 쿠바의 혁명광장에 걸려 아바나의 랜드마크로 사용되고 있다. 그러나 체는 그 사진처럼 단순한 마초적 이미지로 기억될 혁명 영웅이 아니라 극도의 박애정신을 전투적 힘으로 바꿔 사용한 사람이다.

혁명가이기 이전에 의사였고 의사이기 이전에 청년이었던 쿠바 혁명가 체는 사실 쿠바 사람이 아니다. 그는 이방 나라 아르헨티나 사람임에도 쿠바혁명의 주역이 되었다. 아르헨티나의 수도 부에노스아이레스에 살던 평범한 청년 체는 친구와 함께 중남미를 오토바이로 여행하게 되었는데 그때 마주한 라틴아메리카의 가난과 부조리가 그를 움직이게 했다.

그것은 마초정신이 아니라 박애정신이었다. 1956년 쿠바 반정부 혁명군에 들어간 체는 부상병을 치료하는 의사로 활동했으나 마침내 그의 박애정신은 전투적 에너지로 변모하여 총을 들고 전장으로 뛰어들게 하였다.

그리하여 체는 쿠바의 썩은 이를 뽑고 진정한 의미의 치료를 성공시켰다. 독재정권을 몰아내고 쿠바혁명에 성공했지만 라틴아메리카를 여전히 사랑했던 체는 1967년 볼리비아의 해방을 위해 게릴라군을 조직하여 싸우다가 볼리비아 정부군에 체포되어 죽임을 당한다. 그의 스토리는 청춘을 헛되이 보내고 있는 청춘들에게 귀감이 된다. 나 또한 아주 오래전부터 체를 사랑해 왔다.

소년 시절 처음 체를 접했던 나는 대한민국 격동의 시대가 다 지난 후에야 내가 태어났음을 개탄스럽게 생각하기도 했었다. 평범한 한 인간이 난세에 놓이면서 영웅이 되는 조국의 근대사는 그 시절 내 가슴을 뛰게 했었다.

일제 치하에서 독립운동가들과 나란히 폭약을 설치하는 나를 상상하는 것은 내 소년기의 중요한 일과였다. '혁명'이라는 단어는 나의 소년기를 가득 채우는 단어였으니 쿠바혁명의 주역, 체의 나라 쿠바 여행은 내게 큰 설렘이었다.

열정적 푸름과 사회주의의 붉음이 한데 어우러진 쿠바의 수도 아바나를 여행하면서 내 마음과 시선을 사로잡은 것은 사회주의 자체였다. 이 글을 쓰는 지금(2018년)은 쿠바가 미국과의 관계를 열어가고 있지만 사회주의 혁명이 성공한 반세기 전부터 불과 몇 년 전까지만 해도 쿠바는 미국 민주주의 진영과 관계를 단절했었다.

때문에 내가 방문했던 당시의 쿠바에서는 코카콜라를 찾을 수가 없었다. 민주주의와의 교류를 불허하고 굳게 문 닫은 사회주의 쿠바를 방문할 수 있었던 것은 내게 큰 축복이었다.

민주주의에서 나고 자란 내게 쿠바는 이색적이었다. 그중에서도 가장 이색적이었던 것은 바로 배급이었다. 쿠바 사람들은 모두가 배급 수첩을 갖고 있었고 국가는 국민에게 필요한 대부분을 배급했다.

그러니 특별히 부자도 없고 특별히 가난한 사람도 없어 보였다. 물론 더욱 깊이 들여다보면 절대 부를 가진 누군가가 있겠지만 적어도 일반 서민 사회에서는 빈부의 큰 격차가 눈에 띄지 않았다. 고개를 돌려 보아도 옆집 앞집 뒷집 사람들 모두가 형편이 비슷하니 상대적으로 자신이 불행하다고 느끼지 않는 그들이었다. 이것이 바로 사회주의의 긍정적 요소다.

열심히 일해서 일한 만큼의 자기 몫을 누리고 세금을 통해 약자를 보살피는 민주주의를 사랑하는 나지만, 가끔은 민주주의와 뗄레야 뗄 수 없는 경제체제인 자본주의의 천박함을 마주하게 되는 순간들이 있다.

많이 가진 자가 적게 가진 자를 짓누르며 억압해도 되는 왜곡된 자본주의는 때때로 우리를 지치게 한다. 쿠바에서 만난 사회주의 배급의 모습은 왜곡된 자본주의에 지친 나의 마음을 한편 시원하게 해갈해 주기도 했다.

사회주의가 실패한 것은 장점이 없어서가 아니라 결점이 많아서다. 다시 말해서 사회주의의 실패를 장점의 부재라고 일축하기는 어렵다. 실제로 우리 민주주의도 세금을 걷어서 복지하는 구조는 사회주의의 면모를 가진 것이다. 어떤 체제의 국가이든 간에 딱 한 가지 체제만으로 운영되지는 않는다.

예를 들어서 중국은 머리가 사회주의지만 팔다리는 민주주의 형태를 하고서 세계경제를 쥐락펴락한다. 반대로 미국은 민주주의의 텃밭이지만 사회주의 대안(Socialist Alternative)이라는 정당이 존재한다.

사회주의에도 장점이 존재하고 민주주의에도 단점이 존재한다. 이 이념들을 사이에 두고 열강들은 두 차례나 대전을 치렀고 인류가 알게 된 것은 이 땅의 모든 체제는 완벽할 수 없다는 사실이었다.

에르네스토라는 현지인 친구를 사귀었는데 어쩌다가 그렇게나 친해졌는지는 잘 기억나지 않는다. 처음에는 환전을 하면서 한두 마디 대화를 나누었고 정신을 차리고 보니 우리는 어깨동무를 하고서 아바나 비치의 말레콘 거리를 함께 거닐고 있었다.

에르네스토의 집에 가서 그의 아들도 만났고 식사도 함께했다. 책에서나 보던 굵직한 시가 담배가 피어오르는 쿠바 가정에 둘러앉아 식사하게 될 줄은 꿈에도 몰랐다. 정말 꿈같은 일주일이었다.

18살 아들을 둔 그의 집은 스페인 식민지 시절에 지어진 낡은 건물의 쪽방이었다. '식민지풍의 아름다운 건물들이 수놓인 쿠바'라는 그럴 듯한 여행 광고 문구와는 상반되게 뉴스에서는 식민지 때 지어진 낡은 건물이 무너졌다는 소식이 자주 보도되는 아바나였다.

처음 그의 집에 가는 길, 1층의 공동 현관을 삐걱 열고 나서 가파르고 오래 된 철제 계단을 이용해 2층으로 가야 했는데 쿠바에 도착한 후로 건물이 무너졌다는 소식을 많이 접했기 때문이었는지 괜스레 그 낡은 철제 계단으로 쉽게 발이 옮겨지지 않았다.

에르네스토가 앞장서서 아무렇지 않게 계단을 오르자 계단은 오장육부 뒤트는 소리를 내며 삐그덕삐그덕 괴성을 질러대었다. 조심스럽게 발을 디디는 나를 보고 에르네스토는 계단을 장난스럽게 통통 내려치며 나를 골려 대었다. 내가 자세를 낮추고 오!오!오! 하며 놀라자 배를 잡고 웃는 그였다.

"에르네스토, 니네 집 금방 무너지는 거 아니야? 이사 가! 이사 가! 진짜 위험해 보여."

이어 들려온 에르네스토의 대답은 그를 잠시 얼굴 검은 예수로 보이게 했다. 에르네스토는 2층의 자기 집을 가리키며 말했다.

"이사? 어디로? 이봐, 내 아들이 사는 여기가 내 집이야."

세계대전이 두 번 지나갔지만 이 땅의 모든 체제들은 여전히 제각각 견고함을 주장한다. 하지만 그 체제들은 모두 낡을 대로 낡고 썩을 대로 썩어서 에르네스토의 집처럼 당장이라도 무너져 내릴 듯 무척 위험하다.

그 위험성은 연일 뉴스를 통해 보도되고 있으니 각주를 달아 증명할 필요가 없겠다. 어떤 때는 아무런 희망이 없어 보인다. 보도되는 악의적인 사건들은 이미 인류가 자결 중이라는 생각을 하게 만들기도 한다. 이것은 오늘 내일의 일이 아니다.

인간의 역사는 언제나 그랬다. 기원전 1세기, 이토록 위험하고 희망이 없어 보이는 세상이라 할지라도 주님은 결단코 이 땅을 포기하지 않으시고 초림하셨다. 바로 여기가 당신의 자녀들이 사는 곳이기 때문이었다. 그렇게 이 땅에 오신 예수께서는 예수혁명을 전개하셨는데 그것은 이 땅의 인생들이 하늘의 자녀가 되게 하는 혁명이었다.

복음, 듣기만 하여도 목 메이고 가슴 미어지는 그 복음은 땅에서 이루어진 하늘의 혁명이었다.

하나님이 세상을 이처럼 사랑하사 독생자를 주셨으니 이는 그를 믿는 자마다 멸망하지 않고 영생을 얻게 하려 하심이라 _요한복음 3장 16절

아바나의 혁명광장에 도착했을 때 쿠바 혁명의 아버지 체의 형상이 나를 반기었다. 그 형상은 동상의 형태가 아니라서 더욱 신비롭고 아련했다. 광장과 닿아 있는 내무성 건물의 밝은 벽면에 검정색

땅에서 이루어진 모든 혁명은 불완전하다.
땅의 모든 체제들은 시간의 흐름과 맥을 같이 하여
부식되고 부패한다.

철근으로 휘갈기듯 그려진 형상은 그의 삶이 무척 파란만장했으며 업적은 또 얼마나 생명력이 있었는지를 잘 나타내 주고 있었다. 체의 형상 아래로는 'Hasta la victoria siempre'라는 스페인어가 적혀 있다. 이것은 '영원한 승리의 그날까지'라는 뜻이다. 나는 체를 사랑하지만 그가 이룬 승리는 영원할 수 없었다.

체의 혁명은 위대한 업적이지만 그가 계승한 사회주의는 이제 세계 사회 속에서 조금씩 자취를 감추어가고 있다. 한정적이고 유한한 이 땅의 혁명이었기 때문이다.

땅에서 이루어지는 모든 혁명은 불완전하다. 땅의 모든 체제들은 시간의 흐름과 맥을 같이 하여 부식되고 부패한다. 역사는 절대 권력이 결국 절대 부패로 치닫는다는 것을 자인한다. 로마의 네로, 몽골의 징기스칸, 그리스의 알렉산더, 독일의 히틀러 그리고 쿠바의 체도 유한한 혁명을 치른 이 땅의 유한한 이름이다.

혁명이란 무엇일까? 밍밍한 사전적 정의를 접어두고 많은 혁명가들의 삶에서 살펴보면 그것은 변화를 꾀하는 위험한 도전이라고 할 것이다.

예수께서는 인간의 수고와 노력이 완전할 수 있다고 속이는 율법주의의 관습과 정책을 타파하고 불완전한 모습 그대로 완전하신 하나님 아버지를 바라보기를 도전하셨다. 완전한 하나님의 희생에 대한 불완전한 인간의 치열한 마음이 곧 믿음이라고 생각한다. 요한복음 3장 16절 본문은 그 믿음으로 하나님의 나라를 얻으라고 말

쏨하고 계신다.

예수혁명의 절정은 완전하신 하나님의 희생이 불완전한 땅의 인생들에게 사랑으로 낱낱이 고백된 십자가 사건이다. 그리고 이 사건을 기리는 것이 예배다.

대체로 이단들은 기독교가 지키는 주일을 안식일과 연결하려고 시도한다. 비단 이단뿐만 아니라 성도들도 주일에 일을 쉬어야 하는 이유를 안식일과 연결하여 말하곤 한다. 그러나 그것은 십자가 사건에 대한 잘못된 인식에서 출발하는 큰 오해다. 안식일과 주일은 다른 성격을 지니고 있다.

안식일을 지키는 것은 하나님의 천지창조에 대한 인간의 행위적 보응이다. 안식일을 지키는 유대인들은 안식일에 일을 하지 않을 뿐만 아니라 1km 이상 걷지도 않는다. 만일 2km를 걸어야 할 일이 있다면 도시락을 싸서 1km마다 밥을 먹으면서 간다. 식사를 하는 곳이 집이기 때문에 밥을 먹고 나면 다시 1km를 갈 수 있게 되는 것이다.

그들은 안식일에 불을 피울 수 없다. 불을 피우는 것은 노동으로 간주되기 때문이다. 그래서 엘리베이터도 탈 수가 없다. 엘리베이터 버튼을 누르면 불이 켜지기 때문이다.

안식일은 성부 하나님의 안식에 동참하지만 성자 하나님의 예수혁명이 깃들어 있지 않다. 주일은 성자 하나님께서 십자가 사건으로 말미암아 우리의 죄를 대속하여 죽으심과 다시 사신 예수혁명을 기념하는 날이다. 예수께서 십자가 사건 후 다시 사신 날이 바로 일요일이기 때문에 기독교는 일요일을 주일로 드린다.

안식일이 다 지나고 안식 후 첫날이 되려는 새벽에 막달라 마리
아와 다른 마리아가 무덤을 보려고 갔더니 _마태복음 28장 1절

성경은 마태복음 28장 1절을 통해 예수께서 다시 사신 날이 일요
일이라는 사실을 밝히고 있다. 따라서 우리가 주일에 쉬는 것은 안
식일이라서가 아니라 대속과 부활로 이어지는 예수혁명의 십자가
사건을 기념하고 나누기 위함이다.

예수혁명은 지상명령을 통해 사도들에게 계승되었고 이제 사도
들이 지녔던 지상명령의 깃발은 교회에 계승되었다. 예수그리스도
를 머리로 하는 지체들의 모임인 교회가 곧 예수혁명의 주체가 된
것이다. 교회는 넘어질 수 없는 견고한 하나님의 나라를 이 땅에 구
현하는 혁명군으로서 지상명령을 수행해야 한다. 혁명은 변화를 꾀
하는 위험한 도전이다. 예수를 믿는다는 것은 다름 아닌 그 위험을
불사하는 것이다.

주께서 우리를 부르셨다. 그 부름은 달콤한 삶으로의 초대가 아니
라 주께서 드신 그 쓴 잔을 마시도록 받은 부름이다. 우리는 혁명베
레 대신 십자가를 지고 주께서 걸으신 각자의 골고다를 오른다. 예
수를 믿는다는 것은 멀끔한 서구 사회의 일원이 되는 것이 아니라
예수혁명의 피와 땀과 때가 서린 게릴라군이 되는 것이다.

오늘도 지구 반대편 어딘가의 선교사들은 죽음을 불사하는 각오로
생면부지의 누군가를 위해 삶이라는 탄창에 자신의 목숨을 장전한다.

?

Lord
on the
Road

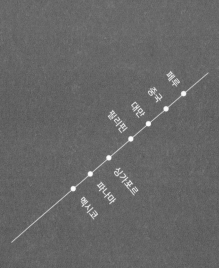

66

우리가
왜요?

99
페루
[Peru]

페루 리마공항에 도착했을 때 승빈이 마중 나와 있었다. 승빈은 나보다 2주 전에 먼저 남미에 들어와서 에콰도르를 둘러보고 나와 합류하기 위해 페루로 내려왔다. 숙소로 가기 위해서 건조하고 척박한 기운이 감도는 해안을 따라 택시를 달렸는데, 끓는 냄비에서 물이 넘치듯 강약 조절 못하는 바다가 파도를 퍽퍽 뿌려 대고 있었다. 라디오에서 들리는 생소한 스페인어 덕에 어쩐지 영화 속 장면에 들어와 있는 듯했다.

먼저 도착했던 승빈이 현지에 대해서 이것저것 설명해 주었지만 피곤한 탓에 귀담아 듣지 못했다. 숙소에 도착하여 파도가 뿌려지

66
99

듯 침대 위로 뿌려진 그대로 잠이 들었다. 30시간에 육박하는 기다란 비행 때문이었는지 몸이 좋지 않았다.

아침이 되어 눈을 떠 보니 빵 굽는 냄새가 어딘가에서 솔솔 풍겨오기에 머리를 긁적이며 냄새를 따라 가보니 공용주방에서 승빈이 버터에 식빵을 굽고 있었다.

"형 일어났어요? 갈 길이 멀어요. 아니 갈 길이 높아요. 기운 차리세요!"

노릇노릇 구워진 빵을 받아 아무렇게나 입속으로 쑤셔 넣고서 우리는 높은 길에 나섰다.

우리의 목적지는 해발 3,400m에 위치한 도시 쿠스코였다. 말이 3,400m이지 백두산 천지보다 500m나 높은 곳에 건설된 도시다. 1,100년 쯤 번성했던 잉카제국의 수도 쿠스코에는 한때 100만 명이 거주하기도 했다고 한다. 스페인 정복기에 잉카와 스페인간의 드라마틱한 역사현장이었기 때문에 여행자들은 이곳을 자주 찾는다.

하지만 결국 쿠스코가 현대에 이르러 이러한 역사를 소재로 관광업에 성공할 수 있게 된 것은 세기의 불가사의 유적 마추픽추를 가기 위해 반드시 거쳐야 하는 관문 도시라는 이점 때문이다. 마추픽추를 가기 위해서는 누구나 쿠스코를 거쳐야 한다. 나와 승빈 역시 마추픽추를 가기 위해서 쿠스코에 도착하였다.

3,400m의 도시가 어느 정도 높이의 도시인지에 대해서 좀 더 쉽게 설명해 보자면, 잠실에 세워진 제 2롯데월드가 위로 7개나 이어진 높이라고 할 수 있다. 우리는 쿠스코에 도착하여 고산병에 시달

렸다. 1,900m 높이인 한라산 꼭대기만 올라가도 우리가 평소에 살던 곳보다 산소량이 30%나 떨어진다. 그러니 3,400m에서는 정말이지 숨이 차서 다섯 발자국도 제대로 이동할 수 없었다.

마치 전력 질주라도 한 것처럼 숨이 가프고 가슴과 머리가 아렸다. 본래 고산지대에서 살지 않던 사람들은 2,000m 이상 오르면 급격하게 공기가 적어지고 기압이 높아지기 때문에 이를 견디지 못하고 고산병에 시달리게 된다.

우리는 마치 물에 적셔 땅바닥에 던져둔 휴지처럼 널브러져 몸을 질질 끌며 꿈틀꿈틀거렸다. 그 모습이 딱 애벌레 같았다. 만약 누군가 다가와서 짐을 들어 주겠노라 손을 내민다면 우리는 그만 그 자리에서 나비라도 될 것 같았다.

쿠스코 중심의 아르마스 광장에서 단 150m 거리에 있는 숙소까지 가는데 30분이나 걸렸다. 배낭의 무게 탓에 고산병은 더해 오는 것 같았다. 두세 발자국을 걷고 주저앉기를 반복하고 있는데 여유 있어 보이는 여행객들이 우리 곁을 지나가면서 너도나도 엄지를 척 들어 보이며 응원해 주었다.

얼마나 있어야 우리도 저렇게 여유있게 걸을 수 있으려나 했는데 우리도 이틀 뒤에는 고산지대의 기압에 적응을 했다. 나중에는 이제 막 쿠스코에 도착해 고산병에 시달리고 있는 여행객들을 앞지르며 여유있게 엄지를 들어 주었다. 뛸 수는 없어도 제법 걸어 다니기는 수월해졌을 때 우리는 마추픽추로 향했다.

66
99

마추픽추로 가는 전용철도 '페루레일'을 타고 쿠스코를 출발하여 4시간 가량 이동하면 마추픽추와 가까운 역에 닿는다. 그리고 그 역에서 얼마간 산을 오르면 마추픽추다. 쿠스코에서 마추픽추까지는 그리 멀지 않은 거리이기 때문에 우리는 새벽 기차를 타고 마추픽추를 갔다가 저녁차를 타고 다시 쿠스코로 돌아오는 일정을 계획했다.

마추픽추는 알려진 바와 같이 수수께끼로 수놓인 불가사의한 공중도시다. 잉카제국의 절정기에 건축되었을 것으로 추정될 뿐 누가 왜 이 높은 곳에 도시를 건설했는지 아무도 모른다. 도시를 건설할 때 사용한 가장 무거운 돌이 361t이라고 하는데 대체 어떻게 이 돌을 이 산봉우리에 옮겨 도시를 건설한 것인지 많은 이들이 알고 싶어 하지만 현재까지는 뚜렷하게 밝혀진 점이 없다고 한다. 마추픽추는 대중들에게 매체를 통해 소개되는 것처럼 멋진 절경을 자랑하지만 결국 그 알 수 없는 신비함이 세계적인 명성이다.

마추픽추로 향하는 날 이른 새벽, 페루레일의 승선지인 포로이(Poroy)역으로 이동하기 위해 아르마스 광장에서 택시를 탔다. 택시는 위로위로 오르막을 마구 올랐다. 나는 플라스틱 생수병 하나를 들고 있었는데 생수병이 기압 때문에 빠직하고 찌그러졌다. 그 꼴을 보자니 내 폐도 찌그러질 것만 같아서 생수병을 가방에 넣어버리고 바짝 긴장을 했다.

기사에게 현재 해발 몇 m냐고 물어보니 4,000m라고 했다. 한라

봉도 찡깡이 될 만한 압력을 이기지 못하고 그만 몽롱해지는 기분을 느꼈다. 3,400m도 2박 3일이나 걸려 간신히 적응한 내게 4,000m는 정말 곤욕이었다.

정신이 혼미해서 바람을 쐬려고 창문을 열었더니 새벽의 찬바람이 훅 날아들어 그나마 남은 산소마저 가로챘다. 핑 도는 머리를 부여잡고 창문을 닫았다. 창밖으로 구름들이 보였는데 구름이 나보다 아래에 있었으니 마치 택시가 아닌 비행기를 타고 있는 듯했다.

올랐던 언덕을 내려가자 포로이역에 도착하였다. 그곳에서 우리는 페루 레일을 타고 4시간을 달려 마추픽추와 근접한 아과스칼리엔테스(aguascalientes)역에 도착했다. 아과스칼리엔테스역은 해발 1500m 가량 되는 지역인데 여기서 마추픽추로 오르는 산행은 2가지다.

버스를 타고 30분 동안 올라가거나 2시간 동안 약 900m를 가파른 산길로 등반하거나 둘 중 하나를 선택해야 한다. 승빈과 나는 본래 버스를 타고자 했던 계획을 수정하여 2시간의 등반을 결정했다. 이유는 간단했다. 해발 3,400m에서 고산병을 겪다가 1,500m에 내려오니 몸이 공기처럼 가벼운 느낌이었기 때문이다. 이런 몸 상태라면 당연히 마추픽추에 살던 잉카인들이 걸었을 산길을 걸어 보고 싶었던 것이다. 기압으로부터 해방을 얻으니 정말 살 것 같았다.

마추픽추로 오르기 전, 목을 축이려고 가방에 넣어두었던 생수병을 꺼내었는데 아까 해발 4,000m를 지날 때 찌그러졌던 생수병이 다시 모양 좋게 펴져 있었다. 생수병도 나도 낮은 기압에 돌아오니

"
"

땅에 사는 인간이 주님 계신 하늘에 닿으려면 대체 어느 정도의 기압 차이를 극복해야 하는 걸까?

정상이 되었다.

승빈이 물었다.

"형, 아까 4,000m지날 때 이거 찌그러졌잖아요? 기압 낮아졌다고 다시 펴진 거예요? 우와 8,000m는 대체 어떨까요?"

"8,000m… 생각도 하기 싫다. 인간이 갈 수는 있는 거냐?"

"산악인 엄홍길 대장이 8,000m 갔잖아요!"

"그 정도 올라가면 거의 천국 다녀온 거 아니야?"

2시간의 등반을 치르고 나니 해발 2,400m에 위치한 신비한 도시 마추픽추가 눈에 들어 왔다. 풍경은 사진으로 보던 것보다 훨씬 더 근사했다. 녹색의 공원을 갈아서 산봉우리에 뿌린 듯 푸른 향기가 진동을 하는 가운데 육중한 돌들이 군인들 제식하듯 반듯반듯 쌓여 있었다. 공중도시답게 구름들이 간질이듯 걸쳐 있어서 그 속을 거니는 사람들은 하늘도시를 사는 백성들 같았다.

천국은 이런 모습이 아닐까 생각해 보게 되는 풍경이었다. 잉카인들은 도대체 왜 첩첩산중 높고 높은 곳에 도시를 건설했을까? 게다가 어떻게 건설한 걸까? 내가 등반한 그 가파른 오르막으로 이 많은 돌들을 옮겼다니 하늘을 나는 코끼리라도 있었을까?

쿠스코는 3,400m에 위치해 있기는 하지만 넓게 펼쳐진 지형이라 도시 건설이 가능했다. 그런데 마추픽추는 그야말로 2,400m 상공의 뾰족한 봉우리에 건설된 도시다. 도대체 어떻게 가능했을까? 봉우리에 지어진 마추픽추의 모습은 교회학교 초등부 시절에 그렸던 천국 그림과 많이 닮아 있었다.

"
"

여름성경학교였는데 자신이 상상하는 천국을 그림으로 그리는 시간이 있었다. 어떻게 그릴까 하다가 만화 영화 '머털이'에 나오는 머털이의 집을 그렸다. 머털이의 집은 산봉우리에 지어져 구름과 닿아 있는 초가집이다. 그 시절 나는 아마도 천국이 말 그대로 하늘과 닿아 있다고 상상했었나 보다.

어린아이의 상상 속에나 있을 법한 하늘집이 현실에 마추픽추로 존재하고 있었다. 천국이 하늘에 있는 집이라고 생각하니 폐가 조여 오는 기분이었다.

2,400m 고공에 위치한 마추픽추는 우리가 사는 땅에 비해서는 산소량이 70%에 불과하기 때문에 곳곳에 고산병을 호소하는 여행객들이 보였다. 2,400m 고공에서 올려다본 하늘은 여전히 멀고 아득했다. 8,000m를 등반한 엄홍길 대장도 하늘에 닿지는 못했다.

땅에 사는 인간이 주님 계신 하늘에 닿으려면 대체 어느 정도의 기압 차이를 극복해야 하는 걸까? 영적으로 얼마나 많은 갈등과 싸움을 이기고 고통을 감내해야 천국에 닿을 수 있다는 말인가?

엄홍길 대장의 다부진 체력처럼 영이 다부진 사람만 하늘과 땅의 기압차를 이기고 천국에 닿을 수 있는 것이라면, 나처럼 3,400m만 넘어도 생수병 찌그러지듯 찌그러지는 유약한 영의 소유자들은 대체 어쩌란 말인가?

마추픽추의 한 곳에 자리를 잡고 앉아 승빈과 나는 천국에 대해서 잠시 대화를 나누었다.

"승빈아, 우리는 육체가 연약해서 3,400m 넘어갔을 때 고산병 걸렸잖아. 우리의 영도 연약하니까 땅에서 하늘로 가다 보면 고산병 걸리겠지?"

승빈은 잠시 나를 멍하니 보더니 어이없다는 듯 툭 말했다. 그의 이야기는 내게 실로 커다란 깨달음을 안겨 주었다.

"우리가 왜요?"

"왜냐니?"

"우리가 갈 필요가 없잖아요? 기독교는 우리가 신에게 가는 게 아니고 신이 우리한테 오는 거 아니에요?"

뒤통수를 얻어맞은 것처럼 멍했다. 주님의 뜻이 내 안에서 읽혀지는 것 같았다. 승빈의 말 그대로다. 나 같은 낑깡 허파들이 하늘과 땅의 기압 차이를 이기지 못할 것을 아시고 친히 하늘이 땅에 오신 사건이 바로 복음이 아닌가.

인간이 땅과 하늘의 기압 차이를 이길 수 없듯 인간의 영은 스스로 죄를 이기고 천국에 들 수 없다. 예수는 나의 죄를 사하기 위하여 죄인인 나와 선하신 하나님 사이의 기압 차이를 극복시키기 위하여 하늘로부터 땅으로 오셨다.

실로 복음이란 '천국이 땅에 오신 사건'임을 깨닫게 되는 순간이었다. 나는 죄를 이길 능력이 없다. 주님의 대속과 구속이 아니면 죄와 생명간의 기압 차이를 극복할 재간이 없다. 멀끔하게 차려입고 설교하는 나는 마치 하나님과 인간 간의 청결하고 성결한 연결책이라도 되는 양 행동하지만 결국 나는 누군가의 기압 차이를 해결해 줄 수 없다.

인간과 하늘을 이으시는 우리의 유일한 중보자는 예수그리스도시다. 땅과 하늘의 기압 차이를 이길 수 있는 방법은 단 하나 뿐이다. 나의 주권을 부인하고 주님의 주권을 인정할 때 복음에 구속될 수 있는 기회가 찾아든다.

나의 주님은 기필코 다시 오신다. 내가 스스로 하늘로 갈 수 없음을 알고 계시기 때문이다. 하염없이 하늘을 바라보게 되는 날이 있다. 하늘에 고정된 나의 시선은 나의 기다림이다. 점프를 해도 고작 1m를 못 뛰는 내가 할 수 있는 표현이라고는 고작 하늘을 하염없이 바라보는 것이다.

높고도 높고 멀고도 멀어 보이는 하늘에서 하얗고 포근한 눈이 올 때면 주님 오실 때도 그렇게 포근히 오실까 싶지 않던가. 눈은 어느새 모든 것을 하얗게 덮는다. 구름을 만져 보고 싶던 아이들은 신이 난다. 하늘에 있던 하얀 구름이 땅에 내려앉기 때문에 아이들은 땅에서 구름을 만져 볼 수 있다.

"

그럼 어떤 말을
쓴단 말입니까?

중국
[China]

중국은 오랜만이었다. 친동생과 함께 몇 년 전 북경과 상해를 둘러본 후 긴 시간이 지나서야 다시 중국행 비행기에 올랐다.

중국을 처음 여행했을 때에는 어머니의 경제적인 지원으로 동생과 함께 시간을 보낼 수 있었다. 어머니는 돈이 든 봉투를 내게 주시며 말씀하셨다.

"동생이랑 같이 여행이라도 다녀와. 너희 금방 30대가 되는데 지금 아니면 이제 서로 바빠서 이런 데 같이 못 가. 결혼하고 자식 생기고 그러면 둘이 여행 가는 거, 어려워. 이번에 다녀와."

나는 다리를 달달달 떨면서 이렇게 말했었다.

"

"에이, 또 가면 되지. 뭘 못 가요. 뭐 누가 어디 가나? 형제끼리 뭐 언제든 가면 되지!"

벌써 10년 정도 지난 이야기다. 어머니의 말씀이 예언이라도 된 것처럼 그 여행을 다녀온 후로 동생은 북쪽 캐나다로 유학을 떠났고 나는 하나님이 만드신 세계를 보고 싶다며 남쪽의 따뜻한 나라들을 줄기차게 여행했다.

그 후로 우리 형제는 함께 여행하는 시간을 가질 수 없었다. 영원할 것만 같았던 그 시기, 청소년도 아닌데 청년도 아닌 그 무책임한 시기는 너무 빨리 지나갔고 우리 형제는 각자의 분야에서 아버지를 닮으려고 성실하게 노력하고 있다. 동생이 북쪽으로 가고 내가 남쪽으로 거닐었기 때문인지는 몰라도 우리는 너무 다르게 살게 되었다.

30대의 중반에 접어드는 내가 다시 연해주 지역을 여행하기 위해 중국행 비행기에 올랐을 때, 과거 함께 배낭을 메었던 우리 형제가 생각났다. 그때의 내가 생각난다거나 그때의 동생이 생각나는 것이 아니다. 말 그대로 그때의 우리가 생각났다.

그때는 알지 못했는데 그 시간이 무척 소중했나 보다. 형제가 함께 여행했던 기억은 전혀 다르게 살고 있는 지금의 우리를 형제로 묶어 준다. 다르게 살고 있으나 같은 추억을 공유할 수 있으니 얼마나 다행인지 모른다.

'민족이란 이야기 공동체'라는 종교학자 배철현의 글이 떠오른다. 그는 유대인들이 전 세계를 유랑하는 디아스포라로 분열되어 살았지만 1948년 이스라엘을 재건하여 다시 뭉칠 수 있었던 이유가 그들이 '이야기 공동체'였기 때문이라고 한다. 전 세계에 흩어져 살면서도 그들은 회당 문화를 만들어 이야기를 공유했다. 그것이 그들을 민족으로 묶어 내는 힘이었다.

어머니는 그때 우리 형제에게 얼마의 돈을 주셨을 뿐이지만 우리 형제는 돈으로 살 수 없는 것을 가질 수 있다. 우리 형제는 다된 한반도 통일에 제를 뿌린 모택동의 사진이 크게 걸린 천안문 앞에서 사진을 찍었더랬다. 그때는 모택동이 누군지도 몰랐거니와 그에 얽히고설킨 한국 분단의 역사도 알 리 없었다. 지금처럼 역사 이야기에 열을 올리는 30대가 되리라고는 상상하지 못하던 때였다. 무엇보다 동생과 함께 나란히 서서 사진을 찍는 일이 아주 특별한 일이 될 줄은 정말 꿈에도 몰랐다.

무지했고 무모한 시절이었다. 천안문 앞에서 사진을 찍고 나니 웬 걸인 하나가 누런 이빨을 보이며 슬그머니 다가와 씨익 웃으며 손을 내밀었다. 내가 지나치려고 하자 동생은 주머니에서 동전을 꺼내 주었다. 내 기억에 동생은 어린 시절부터 줄곧 참 다정한 아이였다.

천안문을 통과해 자금성 안에 들어갔을 때 아이스크림 장수가 있었는데 그 아이스크림 장수에게 아이스크림 2개를 샀다. 우리가 꼬마였던 시절, 막대가 두 개 달린 쌍쌍바를 잘라 먹어야 할 때는 꼭한 쪽이 더 크게 잘렸는데 큰 쪽은 언제나 내 것이었다. 나는 형이라는 이유로 참 이유 없이 많이 누렸다.

그러고 보니 내 인생에서 삶이라는 이 여정의 첫 동반자는 동생이었구나. 친동생, 우리는 이 단어를 누군가와 막역함을 과시할 때 사용한다.

"인사해. 정말 친동생 같은 사람이야."

그러나 정말 친동생과는 멀어지는 경우가 많다. 이제는 그런 행복한 시간을 누릴 수 없는 걸까? 마치 남한과 북한 사이에 존재하는 휴전선처럼 동생과 나 사이에 알 수 없는 벽이라도 걸려 있는 것 같아서 속상하다.

꼬꼬마 시절, 모든 장난감을 공유했던 우리는 둘도 없는 친구였다. 어머니의 태를 공유했을 뿐만 아니라 자라면서는 어떤 여자를 좋아하고 어떤 꿈을 꾸며 심지어 어떤 야동을 보는지도 공유했다. 그랬던 우리가 멀어진다는 느낌은 쓰다. 우리는 이제 서로 잘 모른다. 이는 비단 내 이야기만으로는 볼 수 없다. 이 땅을 사는 모든 형제, 자매, 남매들이 이기지 못하는 비련이다.

그때가 그립다. 동생과 나란히 만리장성을 오르던 때가 말이다. 그 길고 긴 만리장성처럼 그런 시절은 끊임없이 계속 될 줄로 알았는데 우리는 너무 짧은 시간에 현실에 치여 서로의 길을 달리 하게 되었다.

이번 연해주 여행은 나의 사회라 할 수 있는 선교회 동역자들과 함께 떠난 여행이었는데, 동생은 이번 출국 때 공항까지 우리를 태워 주었다. 고맙다고 말하기에는 가까운 가족이고 기름 값도 안 주고 그냥 돌려보내기에는 조금 멀어서 서성이게 되는 우리다. 동생도 만리장성의 그 시절을 그리워하고 있을 것이다. 마치 남과 북이 하나였던 그 시절을 누군가는 여전히 그리워하는 것처럼 말이다.

이번 중국여행의 행선지는 우리 민족이 아직 하나였을 때의 독립운동 성지라 할 수 있는 간도 즉 연변 지역과 안중근 의사가 이토를 살해한 하얼빈이었다.

남과 북이 하나였던 시절에 일제로부터 독립을 꿈꾸던 무장투쟁주의자들은 규암 김약연을 중심으로 간도 땅에 명동촌을 건설하고 명동학교를 세워 독립운동을 위한 후진을 양성했다. 우리가 아는 시인 윤동주도 이 명동촌의 후진이었다.

후에 조선인들이 모여 사는 이 지역은 조선족 자치주로 개편되었다. 따라서 이 연변 지역은 행정적으로 중국이지만 우리와 같은 한민족이 살고 있는 지역이다.

이번 여행을 통해서 우리가 '조선족'이라는 단어 자체를 비속어인 듯 사용하며 낮추어 부르는 풍토가 얼마나 큰 잘못인지 알게 되었다. 지금의 조선족은 독립운동에 앞장섰던 사람들의 후대들로 처음부터 독립운동을 위해 이주한 사람들이다. 당시 독립운동의 무장전선 본거지가 바로 조선족들의 땅 연변이었다.

윤동주도 조선족이다. 관객이 주목한 〈동주〉라는 영화를 보면 윤동주 시인은 연변말을 사용한다. 조선족을 우습고 미개하다는 듯 낮추어 부르고 말 일이 아니다.

우리 형제는 다 된 한반도 통일에
재를 뿌린 모택동의 사진이 걸린 천안문 앞에서
사진을 찍었더랬다.

처음 연변에 도착했을 때의 일이다. 숙소에서 일하는 연변 총각이 한국말을 잘하는 게 하도 신기해서 물어 보았다.

"우리말을 어디에서 배웠어요?"

그러자 그는 퉁명스럽게 대답하였다.

"조선말 말입니까? 조선 사람이 조선말을 쓰지, 그럼 어떤 말을 쓴단 말입니까?"

이해할 수 없다는 듯 고개를 갸우뚱한 그 조선족의 어깨 뒤로는 사회주의다운 문구가 걸려 있었다.

'세계가 아무리 넓다 하여도 돌아올 곳은 집이어라.'

그랬다. 그와 나의 선대들은 한 집의 한 가족이었다. 그와 나는 다른 국적을 가진 같은 민족이었다.

연변에서의 첫 일정으로 우리는 독립운동가들이 모여 결의하곤 했다는 일송정에 올랐다. 안타깝게도 지금 세워진 소나무는 독립운동 당시의 소나무가 아니었다. 일제가 1938년에 철거한 것을 1991년에 조선족이 복원했다고 한다.

윤동주 생가를 방문하고 이어 문익환 목사와 윤동주 시인을 비롯한 당시 조선족 자제들이 수학한 대성중학교 옛터를 방문했다. 작게 꾸며진 박물관의 가이드 할아버지는 연변 말씨로 이렇게 말했다.

"그때 이 학교는 온통 독립운동가를 길렀어요. 여기서 공부하고 독립운동하다가 감옥에서 죽으면 그만한 영광이 없다고 생각했지요."

그의 말씨는 연변 말씨였지만 그분과 나는 같은 역사를 지나온 같은 민족이었다. 그분의 국적은 중국이었지만 우리는 분명 독립을 위해 싸운 선대들의 이야기를 공유하는 같은 핏줄이었다.

중국과 북한을 연결하는 도문 국경에 갔을 때는 목이 메였다. 정말이지 뛰기라도 하면 30초에 닿을 거리에 북한이 있었다. 그렇게 가까운 북한을 볼 수 있으리라고는 생각해 본 적이 없었다.

어린 시절 파주 통일전망대에 몰라 망원경으로 바라본 북한만 해도 보일 듯 말 듯 했지만 제법 가깝게 느껴졌었다. 그러나 이 경우는 차원이 달랐다.

멀지 않게 북한 주민이 망치질을 하는 모습이 보였고 캉캉거리는 그 소리가 정말 선명하게 들렸다. 중년으로 보이는 사내였다. 국경을 건너가 무엇을 만드는 중이냐고 대화를 청하고 싶었다. 구슬픈 망치 소리가 가슴에 미어지듯 닿으니 그만한 아리랑이 없었다. 소리 내어 그를 불러 볼까? 그럼 뭐라고 불러야 하나? 형님! 하고 불러야 하나, 아니면 동지! 하고 불러야 하나?

끊어지기가 반세기가 지났고 밟아 보지도 않았고 친구 하나 없는 북녘 땅을 바라보며 나는 가슴 아팠다. 중국 여권을 가진 조선족들은 손쉽게 국경을 넘어 다리를 건너 북한에 출입하고 있었다.

중국 측 국경 앞 상가에서는 빳빳한 북한지폐를 높은 가격에 팔고 있었다. 조선족들이 북한에 갔다가 들여와서 남한 사람들에게 일종의 기념품으로 되파는 것이었다. 통일을 염원하는 마음으로 나도 북한의 지폐를 구입하여 가방에 고이 넣었다.

'나중에 통일되면 이 돈으로 평양에서 랭면을 먹어야지.'

가게를 나오는데 할머니들이 삼삼오오 모여서 북측을 바라보며 대화를 나누는 풍경이 눈에 들어 왔다. 나는 할머니들 옆에 앉아서 대화를 청했다.

"조선족이세요?"

"기래. 한국에서 왔어요?"

"네, 할머니들도 북한에 자주 다녀오세요? 아주 가깝네요."

"아이고, 가다마다요. 지금은 무릎이 아파서 내 못 가는데, 얼마 전까지만 해도 빵을 한 보따리씩 싸서 넘어 다니고 했지비."

"강 건너 북한 마을에 빵을 판매할 곳이 있나 봐요?"

"아니, 그냥 주지 뭘 팔아. 돈이 어디 있다고 팔아 먹누."

"아, 그냥 줘요? 왜요?"

"가여워서 그랬지. 같은 민족인데 굶는 게 가여워서."

이가 빠져 자글하게 주름진 할머니의 아랫입술이 슬픔에 잠기듯 즈릇 하고 떨렸다. 물끄러미 북한 쪽을 바라보시는 할머니의 시선을 따라 나도 북한 쪽을 바라보았다.

나도 슬픔에 잠길 것 같아 하늘로 시선을 옮기는데 주룩 하고 하늘에서 비가 쏟아졌다. 우리 슬픔에 대한 주님의 동의였을까? 강 건너 인민 모자를 눌러 쓰고 망치질하는 그 사내도 같은 비를 맞고 있었다. 같은 하늘 아래 있으니 하늘만은 국경이 없기 때문이었다.

그러고 보면 하늘에서 볼 때 우리 모두는 하나의 인류일 텐데 인

"강 건너 북한 마을에 빵을 판매할 곳이 있나 봐요?"
"아니, 그냥 주지 뭘 팔어. 돈이 어디 있다고 팔아 먹누."
"아 그냥 줘요? 왜요?"
"가여워서 그랬지. 같은 민족인데 굶는 게 가여워서."

간은 참 많이도 나누어졌다. 전쟁의 역사는 지도 위에 선을 긋는 자해와 다름 아니다. 자살을 기도한 어떤 이의 손목에 그어진 선명한 흉터와 전쟁으로 교정된 지도 위의 국경선들이 다르지 않다고 느껴진다. 자신의 필요를 위해 남을 찢어야 하는 인류의 모습이 누구의 손도 잡을 수 없었던 '가위손'처럼 외로워 보인다.

　최근에 '에코 페미니즘'이라는 말이 내 마음에 강한 인상을 남겨주었다. 그들에 따르면 남성의 여성 착취는 결국 강자의 약자 착취와 관련이 있다. 이것은 도구를 지님으로 강자가 된 인간이 부동의 자연을 마음대로 착취해도 된다는 최초의 인식에서 출발했다고 보는 페미니즘이다.

　전쟁으로 인한 황폐나 지나친 자연개발로 인한 황폐도 결국은 나보다 약한 상대를 짓누르고 착취해도 된다는 인식에서 비롯되었다는 에코 페미니스트들의 주장은 매우 설득력이 있어 보인다.

　공자가 말하기를, 군자는 자신에게서 구하고 소인은 남에게서 구한다고 하였다. 그러고 보면 우리의 착취는 타인에게서 자신의 필요를 얻기 위해 그 타인을 제거하는 형식이니 인류의 역사는 군자의 역사가 아닌 소인의 역사라고 하겠다.

　공자와 같은 시대를 풍미한 서양 역사가 헤로도토스는 인간의 마음속에 운명이 있다고 하였다. 이는 인간의 마음에 품는 생각이 인간의 역사를 만들게 됨을 말하고 있다.

　인간은 태초의 에덴에서부터 분단을 품었다. 창세기 3장 4절부터

"
"

6절까지 나타나는 뱀은 인간이 선악과를 먹으면 하나님과 끊어지게 될 것을 암시하고 인간은 결국 하나님과 분단을 품게 된다. 그 결과 하나님과 인간 사이에는 죄라는 분단선 하나가 생긴다.

그 분단을 해결하려는 신의 개입이 결정되어 독생자 예수가 땅에 오시니 이것이 바로 내가 믿는 '복음'이다. 하나님은 인간과 하나였던 에덴의 기억을 잊지 않고 계심으로 자신의 아들을 땅에 주셨다.

하나님과 인류는 에덴을 공유하는 이야기 공동체다. 아브라함 언약으로 전해지는 창세기 22장 18절을 살펴보자.

> 또 네 씨로 말미암아 천하 만민이 복을 받으리니 이는 네가 나의 말을 준행하였음이니라 하셨다 하니라 _창세기 22장 18절

하나님께서는 아브라함을 필두로 하는 이스라엘 민족 안에 당신의 아들을 보내심으로 하늘과 땅의 분단에 개입하신다.

'천하 만민'의 '복'은 하나님과 인간 사이의 분단선이 사라지는 복이다. 그것은 온 세상의 국경이 사라지고 도래하는 새 하늘과 새 땅이자 하나님 왕국의 백성이 되는 복이다. 그 왕국을 기다리는 그리스도인들은 땅에 살고 있으나 하늘의 사람들이다.

그래서 그리스도인들은 하늘의 계시가 기록된 성경말씀대로 살고자 노력하나 세상은 이를 비웃으며 괄시의 표적으로 삼는다. 오른뺨을 맞고 왼뺨을 내미는 그리스도인의 겸손은 세속의 기준 안에서 매우 우둔하다. 원숭이가 사람이 되었다는 것은 믿지 못하면

서 흙이 사람이 되었다는 것을 믿는 비과학적 사고는 세속의 기준에서 우매하기 짝이 없다.

세속은 경제난의 늪에서도 내가 가진 십분의 일을 주의 것으로 드리며 자기부인을 이루고자 하는 가난한 마음을 음흉하게 비웃는다. 세속은 지구 반대편의 나와 상관없는 누군가를 위해 밤낮으로 눈물 흘리며 우리의 가슴이 해내는 일을 감정적 소모라 폄하한다.

세속은 사랑, 사랑, 사랑이라고 떠드는 우리의 말에 대해서 도대체 알아들을 수 없다고 신경질을 부린다. 세속은 우리 그리스도인들에게 이렇게 질문하는 듯하다.

"여긴 땅이야. 대체 왜 여기서 하늘의 말을 쓰는 거야?"

한국말을 어디서 배웠냐는 나의 물음에 눈을 동그랗게 뜨던 연변 총각의 대답이 생각난다.

"조선 사람이 조선말을 쓰지, 그럼 어떤 말을 쓴단 말입니까?"

우리의 대답도 그래야 할 것이다.

"하늘의 사람이 하늘의 말을 쓰지, 그럼 어떤 말을 쓴단 말입니까?"

마라나타, 주는 다시 오신다. 나와 하나님 사이의 영적 분단이 사라지는 그 날과 주의 왕국을 기다린다.

"

넌 어떻게
살고 싶어?

대만
[Taiwan]

대만 타이베이에서 나와 친구들은 옥탑방을 개조한 운치 있는 숙소를 사용하게 되었다. 이 숙소를 찾기까지 많은 시간을 보냈다. 처음 도착한 타이베이는 생각보다 훨씬 대도시였기에 아무리 찾아보아도 호텔급이나 되는 숙소만 즐비했다. 우리가 원하는 저렴한 게스트하우스를 찾기가 매우 힘들었다.

숙소를 찾다가 지친 우리는 요기를 하려고 편의점에 들어갔다. 마침 점심식사 시간이기도 했는데 타이페이의 편의점은 그 자체로 식당이라고 보아도 무방할 정도의 제품군을 보유하고 있었다.

우리가 들린 편의점뿐만 아니라 근처의 모든 편의점이 점심시간만 되면 인산인해였다. 회사원들은 점심시간에 편의점에 줄을 선다. 고된 하루 중에 대충 때우는 식사처럼 보이지는 않았다. 먼저 대만을 다녀간 친구 하나가 내게 전해주기를 대만은 일제 치하에 있을 때 받은 영향으로 도시락 문화가 아주 발달되어 있다고 했는데 정말 그랬다.

대만 사람들은 집에서 밥을 잘 해먹지 않고 보통은 외식을 한다고 어디선가 전해 듣기도 했는데, 편의점에서 판매하는 도시락의 수준도 외식이라고 할 수 있는 한 끼 거뜬한 제품들이 많았다. 게다가 당연히 식당에서의 식사 가격보다 저렴했다.

기분 좋게 하나씩 도시락을 집어 들긴 했는데 숙소를 찾느라 몸도 지치고 해서 기다랗게 늘어진 계산 줄을 어떻게 기다리나 싶었다.

우리는 커다란 배낭을 하나씩 메고 터벅터벅 회사원들의 끝에 줄을 섰다. 얼마나 줄이 긴가 싶어서 고개를 주욱 내밀었는데 꽤 앞쪽에 서 있던 백발의 노인이 고개를 내밀어서 나를 쳐다보았다. 그러더니 뭔가 붉은 것을 높이 들더니 외쳤다.

"신라면!"

신라면 컵을 들고 있는 이 백발 할아버지는 호주에서 온 프랭크다. 프랭크는 우리가 고른 도시락들을 자신에게 달라고 하더니 한번에 계산해 주었다. 비용을 드리려고 하자 결단코 막으면서 이게 바로 한국 스타일 아니냐며 한국에 대해 아는 체 너스레를 떨었다.

한국을 사랑해서 얼마간 체류하기도 했다는 프랭크 할아버지는 우리에게 숙소를 구하느냐고 물었고 그렇다고 하자 이렇게 말했다.

"
"

"니네가 원하는 숙소가 혹시 더럽고 시끄럽고 가격이 싼 곳인가?"

내가 고개를 격하게 끄덕이자 아주 오래전부터 알던 친구처럼 내 어깨를 휙 감싸 안고서 자신이 묵고 있는 숙소로 안내하겠다며 앞장섰다.

그의 나이는 내 아버지보다 더 많았다. 그런데 그가 친구로 느껴진 것은 어디를 봐도 그가 여행자의 행색을 하고 있었기 때문이다. 며칠을 함께 보낸 그는 진정한 여행자였고, 입만 열면 시가 터지는 시인이었으며, 나이 차이를 잊게 하는 좋은 친구였다.

우리는 프랭크를 따라 어떤 후미진 골목길로 꼬불꼬불 걸었다. 이렇게나 구석에 게스트하우스가 있으면 누구라도 찾을 수 없지 않을까 싶었다. 프랭크처럼 평생을 여행만 했던 사람이라야 찾을 수 있을 것이다. 프랭크는 어떤 낡은 빌딩으로 들어가 버렸고 간판도 없는 이곳이 게스트하우스가 맞는지 물으니 일단 올라와보란다.

제법 높이가 있는 건물이었다. 육중한 배낭을 멘 우리 일행은 그 건물의 옥탑까지 올랐다. 옥탑에 올랐을 때 나는 너무 감격스러워서 배낭을 풀어 버리고 프랭크를 와락 안아 버렸다.

타이베이가 한눈에 보이는 근사한 숙소였다. 도대체 상상할 수 없는 저렴한 가격으로 이런 완벽한 루프탑을 사용할 수 있다니! 저렴하지만 거뜬한 한 끼 식사가 되는 타이베이 편의점 도시락 같았다.

짐을 풀고 샤워를 하고 나왔을 때, 프랭크는 옥탑에 폼을 잡고 앉아서 아껴 두었다던 포도주를 우리에게 한 잔씩 나누어 주었다. 우리는 옥탑에 놓인 싸구려 의자에 사이좋게 끼어 앉았다.

마침 타이베이의 하늘에 노을이 지고 있었는데 'sunset'이라는 영어 단어가 갑자기 생각이 나지 않아서 프랭크에게 노을을 가리키며 저게 영어로 뭐냐고 물어 보았다. 그랬더니 프랭크가 한국말로는 뭐라 하느냐고 되물었다. 그래서 '노을'이라고 말해주었더니 그는 이렇게 말했다.

"영어를 꼭 알 필요는 없지. 이제부터 우리에게 저건 '노을'이야." 영어에 능숙하지 않은 우리를 배려하는 듯 쉬운 단어들로 느릿느릿하고 분명하게 말해주는 프랭크였다.

동행인 승빈이 내게 묻기를 한국은 여기에서 어느 쪽이냐 하기에 노을이 지는 서쪽 하늘을 가리켰다. 프랭크가 우리 한국어 대화를 궁금해 하여 대만에서 서쪽에 대한민국이 있다는 대화를 나누고 있었다고 전해주니 프랭크는 포도주 잔을 들고 일어나 마치 시 한 편을 지어 보이듯 붉은 빛에 젖어 들어 동쪽으로 뒤돌아서며 떠들었다.

"아니야, 조금 멀기는 해도 조금 돌아가기는 해도 이쪽으로 가도 대한민국에 갈 수 있어. 지구는 둥글고 인생은 기니까."

나는 그만 벌떡 일어나 그 말에 기립으로 박수를 치고 말았다. 정말 시인이 따로 없었다. 백발의 노인이 다 늘어진 민소매 티셔츠와 하와이안 팬츠를 입고 맨발로 서서 한 손에는 포도주를 들고 떠드는 시의 맛은 처음 보는 맛이었다.

그건 뭐랄까? 아주아주 오래된 품격 있는 위스키와 방금 볶은 신선한 커피를 섞어 만든 칵테일에 달콤한 캐러멜 시럽을 한두 방울

밤이 깊었지만 우리는 늦도록 대화를 이어갔다.
나의 영어 실력이 아닌 프랭크의 배려 실력으로 이어간 대화였다.

만 곁들인 맛이랄까? 그 시에는 역사를 지나온 노인의 품격과 젊은 이의 신선함과 여행자의 달달함이 모두 함께 있었다.

밤이 깊었지만 우리는 늦도록 대화를 이어갔다. 나의 영어실력이 아닌 그의 배려실력으로 이어간 대화였다.

프랭크는 인생을 산전수전으로 살아 온 노인이었다. 그에게서 느껴지는 아름다움은 인위적으로 학습한 지성 따위가 아니라 하늘이 내려 주신 수업을 통해 자연스레 학습한 영성이었다. 그는 조금 돌아가고 남들보다 느려도 결국 가야 할 곳으로 가는 것이 인생이라는 것을 아는 사람이었다.

그날 밤 내가 들었던 프랭크의 사건들을 후에 나의 책에 기록해도 되겠느냐고 물었지만 그는 자신이 겪어 온 사건 자체를 기록하는 것은 반대하였다. 독자들이 어떤 특정 사건을 겪어야만 된다는 식으로 이해할 수 있기 때문이랬다. 특별한 사건이 없는 누구라도 오늘 하루를 살아냈다면 그에게 하루는 고통이었고, 하루는 산전수전이라는 것이 프랭크의 생각이었다.

그는 내게 약속해 주기를 바랐다.

"이봐, 코리안. 네가 진짜 책을 쓸지는 모르지만 만약 쓰게 된다면 내 사건을 쓰지 말고 그냥 이렇게 적어줘, '프랭크라는 노인이 있었으니 그 노인이 말하기를 인생 자체가 삶이라는 여행이다'라고 했다고 말이야."

여기 이 책을 통해 6년 전 프랭크와 했던 약속을 지키려 한다.

66
99

프랭크라는 여행 노인이 있었으니 그는 인생 자체가 삶이라는 여행이라고 말했다.

시간이 가는 줄 모르고 대화를 나누다 보니 새벽이었다. 조금이라도 자야 내일의 일정을 시작할 수 있기에 늦은 잠자리에 들기로 하였다.

우리 일행은 날이 밝는 대로 '예루'라는 지역에 갈 계획을 갖고 있었는데 프랭크에게 동행을 부탁했다. 예루는 풍화작용으로 특별한 모양의 바위들을 볼 수 있는 해안지역인데, 프랭크는 다녀온 곳이지만 한 번 더 우리와 가겠노라 약속했다.

나와 일행은 더 늦기 전에 잠자리에 들었고 프랭크는 포도주를 좀 더 마시다가 자겠노라며 옥탑의 운치를 지켰다. 아침에 눈을 떠 약속시간이 되었는데도 프랭크가 나오지 않아 그의 방문을 열어보니 프랭크는 아직도 한밤중이었고 가득했던 포도주는 전부 비워져 있었다.

백발이 무성한 그를 깨울 수 없었기에 조용히 프랭크의 방문을 닫고 예루로 향했다. 버스를 타고 몇 시간을 달려 예루에 도착했을 때 말로만 듣던 예루 바위의 생김새를 보고 놀랐다.

누군가 일부러 만들어 두었다고 해야 믿을 모양의 커다란 바위들이 해안에 줄지어 서 있었다. 보글보글 물이 끓어 오르듯 땅이 끓어 오르다가 멈춘 듯한 느낌이었다. 그 멋진 자태를 나의 필력으로는 도저히 다 옮길 수 없을 것이다. 마치 땅속에 뿌리를 내린 바위의 씨앗이 바위를 길러 낸 것 같았다.

바람에 날리듯 삐뚤게 놓인 바위들은 마치 극한의 비바람과 정면으로 맞서 있는 강직한 인간의 흉상 같았다. 기록에 따르면 이 바위들은 천백만 년 동안 침식과 풍화를 반복하면서 지금의 아름다운 모습으로 다듬어졌다고 한다.

시절을 오래 지나며 낡아지게 되었으나 여전히 강직하게 서 있는 그 모습은 마치 견고한 원단으로 만든 강직한 슈트를 입은 노인 같아 보였다. 만약 백발의 프랭크가 슈트를 입는다면 딱 이 모습이었을 것이라고 생각했다.

흉상의 목 부분에는 바람에 스친 흉터들이 많았다. 마주 보이는 해변에서 불어온 공허하고 차가운 바람들이 만들고 떠난 흉터였다. 어쩌면 손처럼 생긴 바람이 예루를 떠나지 않으려고 바위의 목을 꽉 쥐고 있던 통에 이런 모습으로 변했는지도 모른다. 아니, 이 바위들이 바람과의 이별이 아쉬워서 바람이 지나가지 못하도록 버티고 서 있다가 이리 되었을 수도 있겠다.

아무튼 바위들은 모진 상처를 견디고 멋진 모양이 되어 그 자리에 서 있었다. 예루의 바위들은 가느다란 줄기 위에 부풀 듯 피어 오른 꽃 같아 보이기도 했다. 상처를 견딘 바위가 꽃이 되어 있는 모습은 아름다웠다.

자꾸 간밤에 프랭크가 해 준 이야기가 떠올랐다.

"인생 자체가 삶이라는 여행이야."

프랭크도 예루의 바위들처럼 불어오는 삶에 깎여 꽃이 된 것이었다. 그렇게 생각하고 나니 이 바위밭이 꽃밭으로 보였다. 아니, 상처를 견디고 자신의 자리를 지킨 아름다움은 꽃보다 더 했다.

숙소로 돌아와 옥탑을 오르자 백발의 프랭크가 콤비 차림이었다. 캐주얼하지만 차려입었다는 것을 알게 해 주는 말끔한 로퍼에 잘 다려진 청바지를 입은 멋쟁이 프랭크는 그야말로 멋지게 세월을 지낸 예루의 바위 꽃 같았다.

그는 여자 친구와 저녁을 먹고 돌아오는 길이었다. 저녁 약속이 있으면서도 우리랑 동행을 약속했던 것이냐고 되묻자 그 여자는 늦잠을 자고 일어나 동네 빵집에서 오늘 만난 친구라고 했다.

프랭크는 그녀에게 어여쁜 꽃으로 전해지고 돌아오는 길이었다. 그녀도 프랭크의 향기를 알아차렸을까?

석양이 지나가고 우리는 또 옥탑에 둘러앉아 대화를 나누었다.

"넌 어떻게 살고 싶어?"

프랭크의 질문에 나는 점잖게 폼을 잡고 대답했다.

"예루에서 본 바위 꽃처럼."

나는 진심으로 바란다. 바위처럼 둥글고 보잘 것 없는 나의 몸뚱이가 주님 주신 연단으로 조각되어 꽃이 되기를 말이다. 그렇게 꽃이 되고 나면 누군가에게 전해지고 싶다.

사랑을 고백할 때 쓰이는 한 송이 장미꽃처럼, 주님께서 당신의 사랑을 전하실 때 전해지는 꽃이 되고 싶다. 아주 붉은색이고 싶다. 그 붉음이 보혈의 향기를 전할 수 있도록 아주 붉은색 꽃이 되

예루의 바위들은 가느다란 줄기 위에 부풀듯 피어오른 꽃 같아 보였다.
상처를 견딘 바위가 꽃이 되어 있는 모습은 아름다웠다.

고 싶다.

여행 노인 프랭크의 말처럼 좀 오래 걸리더라도 이 길의 연단을 성실하고 차근하게 견디고 싶다. 성도에게 인생은 삶이라는 연단이다. 시절을 지나 나는 이제 선교사가 되었고 교회도 개척하였다. 그날의 옥탑방에서 바랐던 것들은 이루어진 셈이다.

나의 하루는 온통 어떻게 주님을 전할 것인가 하는 고민으로 이루어져 있다. 이 책의 집필도 결국은 그 고민의 일환이라 하겠다. 그러나 고민하여 주님을 알면 알수록 나는 허무해진다.

내가 허무주의자라는 이야기는 아니다. 이것은 단지 나의 주권 없음에 대한 고백일 뿐이다. 미친 듯이 갖고 싶었는데 막상 갖고 보니 별것 아닐 때 밀려오는 해방감이 바로 내가 말하는 허무함이다.

'결국 주님 말고는 무엇도 나를 채울 수 없구나.'

어차피 내게는 주님뿐이라는 안도감이 바로 내가 말하는 허무함이다. 나의 기술과 나의 지성이 아무것도 아닌 것을 알게 되는 것, 단지 주님께서 복음을 전하실 때 손에 드신 한 송이 꽃이 되면 충분하다는 사실을 깨닫는 것이 바로 내가 말하는 은혜롭고 아름다운 허무함이다. 나는 사실 주님을 제외하면 삼라만상이 허탈해지는 그 허무함을 조직화한 것이 바로 신학이라고 생각한다.

주님 내가 당신을 사랑합니다. _요한복음 21장 15절~17절

베드로의 고백이 떠오른다. 예수가 십자가에 달려 죽자 살 길을

찾아 갈릴리로 돌아와 어부 일을 다시 시작했을 때 예수가 나타나셨다. 그는 허무했을 것이다. 자신의 살 길이 결국은 오직 예수라는 사실을 알게 되었을 때 그가 느낀 허무함 속에는 해방감과 안도감이 공존했다. 베드로는 연단을 지나고 꽃이 되어 복음을 전하는 향기로 살게 되었다.

내 양을 먹이라. _요한복음 21장 15절~17절

예수께서 베드로를 꽃으로 집어 드시는 순간이었다.

66
99

"

음악과 춤은
우리 모두의 것이라는 뜻이야

"
필리핀
[Philippines]

필리핀의 작은 섬 팔라완, 레게바의 밴드아저씨는 나를 위해 어색한 한국 발음으로 이문세의 '노을'을 불러 주고 물 한 모금을 마시더니 기타 위의 손가락을 꿈틀거리기 시작했다. 이제 정말 즐거운 시간이 시작 될 모양인가 보다. 밴드아저씨가 영어를 관두고 타갈로그어로 어쩌고저쩌고 하는데 알아들을 수 없어도 그것은 아마 '다들 준비 됐어?!'가 아니었을까? 아저씨의 뒤에는 레게 황제 밥말리의 초상이 사람 좋게 웃고 있었다.

사람들은 학창 시절 점심시간에 종 치기 직전의 학생들처럼 다리를 탁자 밖으로 길게 빼고서 무대로 튀어 나갈 준비를 했다. 원! 투!

원 투 쓰리 포! 음악이 시작되면서 사람들은 수도꼭지를 틀어 놓은 듯 자연스럽고 경쾌하게 쏴~ 하고 무대로 쏟아져 나갔다. 나도 덩달아 점심시간 식당으로 튀어 나가는 학생처럼 뛰쳐나갔다. 점심시간 종이 울리기를 기다리듯 음악이 고팠던 우리 일행도 팔라완 사람들 사이에 섞여 쏟아져 나가 꿀렁꿀렁 몸을 흔들어 댔다.

밴드아저씨의 손가락이 기타 위를 꿈틀거리듯 정체불명의 웨이브로 무대를 꿈틀거리는 우리였다. 성진은 우리 동네에서도 춤이라면 끝장내는 댄스의 '대'가고 나와 승빈은 기회만 되면 단연코 막춤을 추는 '대'인배니까 덩실덩실 춤을 추며 음악을 한 상 거하게 차려서 먹었다.

우리는 마치 안산제일교회 중등부로 돌아간 것 같았다. 나는 학생회장이었고 성진은 부회장, 승빈은 총무였다. 당시 우리 중등부 예배당은 우리 세 사람 때문에 언제나 춤판이었다. 그 덕에 동네에서 춤 좀 추는 중학생들은 모두 우리 중등부를 거쳤다. 중등부를 지나면서 우리 세 사람 모두 예수를 떠나 있었지만 당시 춤바람에 교회를 왔다가 예수님 만나고 도리어 예수를 떠난 우리를 찾아와 회심을 촉구하는 아이들도 있었다.

중등부 때 춤은 우리를 연결하는 좋은 매개였다. HOT나 젝스키스의 춤을 함께 흔들고 나면 우리는 알 수 없는 연대감에 휩싸여 외로움 따위를 버릴 수 있었다. 어떤 집사님은 나를 불러다 놓고 교회 회장이 동네 양아치들을 모아다가 교회를 엉망으로 만든다고 나무랐지만 나는 침까지 튀어가며 소리쳤다.

"

"그럼 교회에 범생이만 와요? 그게 교회야? 양아치들이 와야 그게 교회 아닙니까?"

어디에서 그런 선교혼이 등장했는지 나도 모르겠다. 아무튼 본능적이랄까 아니면 동물적이랄까 인간의 언어로 다 할 수 없는 영적인 기류 같은 것에 휩싸여서 예수님의 생각은 그 집사님과 반대일 것이라고 확신했다.

그 집사님은 자신이 예수님의 말을 대언한다는 듯 성경구절을 떠들었지만 내 생각에 차라리 주님은 우리와 함께 HOT 춤을 추고서 교회당 바닥에 드러누워 함께 낄낄거리는 그것이었더랬다.

우리가 교회당 바닥에 머리를 대고 거꾸로 서서 빙글빙글 돌면 곁에서 무릎앉아 자세로 박수 치시며 '고, 고, 고!' 하고 소리쳤단 말이다. 내 기억 속의 예수는 아디다스 져지를 입고 슈퍼스타를 신고 있었다. 져지와 슈퍼스타가 무엇을 의미하는지 알 턱이 없는 그 집사님이 우리의 예수에 대해 떠드는 장면이 역겨웠던 기억이다.

그는 복음이 무엇인지 내게 설명하려 들었고 그 복음은 세상을 내치는 이상한 복음이었다. 주께서는 복음으로써 모두에게 나눠지고자 하셨지만 그는 복음을 자신의 것으로 여겼던 것 같다.

팔라완의 레게바 댄스 스테이지, 테이블 쪽에 있을 때는 어둑어둑해서 청중의 얼굴이 보이지 않았는데 밝은 무대 쪽으로 나와 있으니 함께 춤추는 사람들의 얼굴이 선명하게 보였다. 한참 춤을 추다 말고 멍하니 사람들의 얼굴을 이리저리 바라보게 되었다. 나로서는

봉사자의 눈은 눈물이 가득하여 바다처럼 일렁거려야 한다.

아주 충격적인 모습이었다.

내 앞에서 덩실덩실 춤을 추는 사람은 내 어머니 또래의 아주머니였다. 그녀가 파파라고 부르는 할아버지가 다가와 내게 미소 지으며 엄지손가락을 올려 보였다. 키가 작아서 고개를 숙이지 않고는 눈을 마주칠 수 없는 꼬마들도 있었다. 청년들은 구석에 몰리거나 무대를 장악하는 일 없이 어머니와 아버지와 할머니와 할아버지 그리고 조카들과 함께 어우러져 춤을 추고 있었다.

뭐랄까? 그것은 교회학교 중등부 시절에 느꼈던 '우리'였다. 남과 여 그리고 노와 소를 불문하고 이 마을의 모두가 하나가 된 것만 같았다. 얼굴이 검은 백발의 노인이 엄지를 지켜들고 육중한 배를 흔들면 손녀로 보이는 꼬마 공주님이 할아버지 배에 두 손을 얹어 놓고 엉덩이를 실룩실룩 재미난 춤을 추었다.

중학생 정도 되어 보이는 아들을 사이에 두고 부모가 아들의 춤을 따라하며 즐거운 시간을 보내는 가족도 있었다. 자신의 춤을 온전히 수용하고 있는 부모의 눈을 응시하는 소년의 표정은 확실히 입시전쟁을 거치며 부모에게조차 가치로 평가되는 소년들의 그것과는 달랐다.

대한민국에서는 쉽게 찾아 볼 수 없는, 아니 단 한 번도 볼 수 없는 광경이었다. 홍대 언저리를 누비며 클럽의 가수 일을 하던 시절에도 이렇게 온 가족이 모여 춤을 추는 모습을 본 일이 없었다.

음악과 춤이라면 너도나도 젊은이들의 것이라고 선을 그어 버렸거늘 정말이지 팔라완에서의 음악과 춤은 나의 교회학교 중등부 시

66
99

절처럼 공간에 모인 모두의 것이었다. 거하게 차린 음악밥상은 음악이 고픈 모두의 것이었다. 하긴 4교시 수업이 끝날 무렵의 허기짐은 모두의 것이었다. 그러고 보니 12시 50분이 되면 교실 문을 빠져나가는 선생님의 발걸음도 왠지 빨랐더랬다.

사람 구경하며 무대 중간에 멍하니 서 있는데 밴드아저씨가 내 어깨를 잡아채고는 눈을 똑바로 보며 노래했다.

"리가노카차미노파캬!"

그리고는 내게 마이크를 돌려 내민다. 따라하라 이거다.

"리가오로로로로로로캬!"

무슨 말인지 하나도 모르겠지만 따라했다. 사람들은 피부가 노란 타국인이 자기네 말을 어색하게 따라하는 것이 그리도 재미가 나는지 껄껄껄 웃었다.

나도 덩달아 웃어대느라 점점 눈은 작아지고 입은 커졌다. 정말 즐거운 시간이었다. 음악 한 상을 거나하게 먹어 치우고 청중은 테이블로 돌아갔다. 피아노 반주만 그윽하게 피어올라 슬며시 공중을 떠다녔다. 밴드아저씨도 테이블로 내려와 땀을 닦고 산미구엘을 들이켰다.

옆 테이블의 내 또래 여성과 인사를 나누게 되었다. 돈을 충분히 모았기에 이제 서울로 영어 강사 일을 하러 간다고 그랬다. 아까 그 밴드아저씨가 따라 부르라고 했던 가사의 의미를 물었더니 제법 뭔가 설명하는 일에 타고난 강사처럼 설명해 주었다.

"음악과 춤은 우리 모두의 것이라는 뜻이야."

나는 약간 가슴이 먹먹해져서 그녀의 진심어린 큰 눈을 피하게 되었다. 깨달음보다 무거운 부끄러움이 밀려왔다. 에어컨도 없는 팔라완 레게바의 뜨거운 열기가 고스란히 내 차가운 심장 어딘가를 마음먹고 녹여 대고 있었다.

차갑게 날을 세워 나누고 분리하며 살았던 시간들이 머릿속에 빠르게 스쳐 지나갔다. 편 가르기가 자신을 지켜줄 수 있다고 믿어야 하는 도시의 동력이 이곳 팔라완에서는 유치하고 가치가 없는 것이었다.

하나가 되어 즐겁고 싶고 유쾌하고 싶은 마음은 여기나 저기나 허기짐처럼 똑같은 게지. 내 것이라면 그저 내 것으로 두어야 하는 줄 알았던 몰상식함을 합리적이라고 믿고 살았던 내가 부끄러웠다.

나눔이라고 하면 봉사활동 프로그램이 열렸을 때나 나가서 간헐적으로 최선을 다하고 인증샷을 찍어 SNS에 올리면 그게 나눔인 줄 알았다. 그러나 팔라완에서 알게 된 것은 그저 얼굴을 마주보고 웃고 춤추면 너와 내가 우리가 되는 자체가 나눔이라는 사실이다.

나눔은 다시 말해서 '우리'가 되는 것이었다. 나눔은 내가 너에게 닿아 '우리'가 되는 과정이었다. 꼭 물리적인 무엇인가를 손에 들려 주지 않아도 나의 즐거움이 바로 당신에게 닿아 우리 공동의 소유가 된다면 그것이 곧 나눔이다. 우리가 하나로 연결되어 있다는 그 뚜렷한 확신은 삶 혹은 인생이라고 부르는 광범위하고 속절없게 느껴지는 단어들에 깊은 감동과 생기를 선사한다.

내 속의 복음이 진정 내 것이라면
나는 복음을 무대 아래에서 삶으로 나눠야 할 것이다.

재난 지역에서는 구호물품도 물론 중요하다. 그러나 봉사자의 눈에는 눈물이 가득하여 바다처럼 일렁거려야 한다. 그 눈물은 마치 '제가 당신과 함께 이 고통을 나누겠습니다'라고 말하기 때문이다. 너와 내가 우리가 되었을 때 절망은 언제나 희망으로 선회하고, 그 선회 자체가 삶의 동력이 된다. 하나가 된 공동체는 함께 선회하며 삶의 의미를 따라서 함께 항해한다.

혼밥이 유행이라고 한다. 타인과 하나가 되거나 나누는 것이 얼마나 가치 없는 일로 여겨지는지를 알 수 있는 대목이다.

나는 '음악과 춤은 우리 모두의 것이다'라는 팔라완 레게바의 노랫말을 가슴에 심어 두었다. 내 속에 있는 귀한 것이 모두의 것이 되도록 정성을 다해야겠다.

모바일로 외식 상품권을 보내는 것은 편리하지만 함께 식사를 나누는 일은 정성이 필요하다. 인류가 진보시킨 나눔의 편리는 나눔의 정성을 퇴화시키고 있다고 생각한다. 편리한 나눔이라는 자체가 어불성설(語不成說)이 아닌가. 이것은 마치 운동 없이 살을 뺀다는 허위 광고 같다.

내 속에 복음이 있다고 하더라도 혼밥이 되면 의미 없다. 구슬은 꿰어야 보배이고 복음은 전해야 복음이다. 무대에서 준비된 원고의 설교를 나누는 것은 마치 외식 상품권을 보내는 정도의 일이 아닐까.

나는 그저 설교만 잘하면 최강이라고 생각했다. 그러나 이제는 강

대상을 내려와 성도 한 명 한 명의 손을 잡고 바다처럼 일렁이는 눈 빛을 해야겠다. 지정되어 갖추어진 설교 시간에 벌어지는 복음 선포는 편리하지만 성도의 삶 중에 나타나 복음이 되어 주는 일은 정성이 필요한 것이다. 정성을 들인 그때야 비로소 내 속에 있는 복음이 그에게 닿아 '너와 나'는 '우리'가 될 것이다.

나는 오랫동안 팔라완 레게바의 풍경을 잊을 수 없을 것 같다. 자신이 가진 것을 내게 나누어 주기 위해 어눌한 한국말로 노래를 부르며 음악과 춤이 모두의 것임을 증명한 그 공간은 마치 내가 중등부 시절에 꿈꾸었던 교회 같았다. 복음을 나눔으로써 진정 복음을 소유했음이 변증되는 공동체가 바로 교회이기를 바랐다.

평소의 나는 많은 시간을 설교 준비로 보내 왔다. 시원한 에어컨 딸린 방에서 온갖 문헌들을 들여다보며 히브리어를 구사한다는 것을 자랑삼아 유능한 설교자임을 증명하고 싶어했다. 원고를 머릿속에 완전히 저장하고서 무대에 올라 철저하게 구조화된 쇼를 하듯 설교를 끝내고 나면 행복했다. 그러나 이제는 무대 아래로 내려가야 하겠다.

내 속의 복음이 진정 내 것이라면 나는 복음을 무대 아래에서 삶으로 나눠야 할 것이다. 나는 설교자로 살고 있지만 설교 시간뿐만 아니라 삶의 나눔을 통해서 주님은 이 땅과 하나가 되고자 하신다.

야, 근데 포도주가 왜 피냐?

고등학교 친구 중에 재민이라고 있다. 방송부였는데 꿈에 작가였다. 재민이는 고등학교 1학년 때 하라는 공부는 안 하고 열심히 돈을 모아서 빨간색 엑시브 한 대를 손에 넣었다. 나는 동네 어귀에서 그 빨간 오토바이를 빌려 타고서 아랫입술을 근엄하게 내밀며 시원하게 당기곤 했다. 당시 온라인 채팅창에 녀석의 자기 소개 글은 '남자라면 스즈끼'였다.

고등학교 졸업 후 제주도에서 대학을 다녔고, 이어 제주도에서 여행에 대한 일을 한다고 들었을 뿐 나는 재민이를 한 번도 본 일이 없었다. 방랑벽이라고 설명하기에는 한반도 육지와 제주도가 너무 가깝지만 녀석이 자유하고 싶은 방랑 청년인 것만은 아무튼 분명했다. 그의 스즈끼가 내던 엔진 소리를 기억해 보면 틀림없다. 어디론가 가야 하는 그 소리는 재민이와 참 잘 어울렸던 기억이다.

재민이를 7년 만에 다시 만난 것은 싱가포르에서였다. 재민이는 제주도를 떠나 싱가포르의 한 호텔에서 일하고 있었고, 내게는 싱가포르가 동남아 일주의 마지막 행선지였다.

재민이는 약속 장소에 어떤 이국적인 병을 하나 들고 나왔다. 가방에 넣지도 않고 대롱대롱 들고서 말이다. 변하지도 않은 장난기 서린 얼굴을 하고서 내게 말하기를 아껴 먹던 포도주란다. 3분의 1쯤 비워진 제법 좋은 포도주였다.

재민이는 나를 어떤 다리에 데려가서 포도주를 한 잔 따라 주었다. 나야 포도주에 대해서 잘 모르지만 호텔에서 일하는 친구 놈이 좋다 하니 그런가 보다 했다. 자신이 호텔에서 일을 하기 때문에 좋은 포도주를 맛볼 수 있는 것이라며 나 따위는 죽었다 깨어나도 맛볼 수 없는 귀한 것이라고 거듭 강조를 했다.

고기도 먹어 본 놈이 먹는다더니 내게는 그냥 떫은 맛의 상한 포도주스 같았다. 관광학을 전공한 자기네들은 포도주를 대하는 태도마저 다르다면서 왠지 유치한 표정으로 포도주의 향을 음미하는 재민이였다. 어차피 잔은 종이컵이었는데도 말이다. 그러나 장소만은 일류 레스토랑이 부럽지 않았다.

우리는 와인과 제법 어울리는 근사한 다리에 있었다. 다리를 사이에 두고서 한쪽은 현대식 비즈니스타워들이 즐비했고 다른 한쪽으로는 층수가 낮은 오래된 유흥가가 있었다. 다리는 아주 넓고 커다란 규모였는데 다리 위에서 크고 작은 공연이 펼쳐지고 있었다. 재민이는 그 다리를 두고 마치 우리나라 대학로 마로니에 공원을 연상케 하는 공간이라고 소개했는데 딱 그랬다.

우리는 다리 난간에 앉아 있었는데 우리뿐만 아니라 다리 위의 많은 젊은이들이 난간에 올라 맥주도 마시고 커피도 마시고 끼니도 때우고 있었다. 난간이라고 글로 쓰니 위험한 느낌이 있지만 이 난간은 아주아주 넓은 난간이라서 누워도 될 정도였다.

볼거리 가득한 다리 위에서 강과 함께 펼쳐진 야경을 바라보며 맛보는 와인은 달리 수식할 필요 없는 그야말로 '여행'이었다. 뒤로는 강의 야경이 펼쳐지고 앞으로는 무언극을 하는 사람부터 삼삼오오 합주하는 사람들과 비보이들까지 크고 작은 라이브 공연이 펼쳐지고 있었고, 내 손에는 이름은 몰라도 폼을 잡게 만드는 와인이 들려 있었다.

재민이가 화장실에 다녀오는 사이에 나는 한 청년의 무언극을 집중해서 보게 되었다. 공연이 끝나고 박수갈채가 쏟아지자 청년은 공연 동안 무표정했던 얼굴을 활짝 웃어 보였다. 사람들이 다른 공연을 보기 위해 자리를 옮기는 사이 청년은 무언극에 사용한 장치들을 정리했다. 공연이 끝나고 홀로 장비를 정리하는 청년의 모습이 슬퍼 보였다.

무언극 동안 보여 주었던 무표정도 활짝 웃어 보인 인사도 모두 연기였다. 관객이 떠나가고 홀로 남겨졌을 때 찾아오는 누를 수 없는 고독이 청년의 진짜 표정이 아닌가 생각해 보게 되었다. 마치 카메라가 다리 전체를 보여 주고 있다가 이 청년에게 줌인으로 클로즈업 된 것처럼 나는 곰곰이 그 청년을 주시하고 있었다.

"야! 뭘 그렇게 봐?"

재민이의 소리에 카메라는 다시 줌아웃되어 다리 전체를 찍는다. 이제 다리 전체가 슬프게 느껴진다. 다리 위의 모든 청춘들이 무언극을 한 청년처럼 진짜 표정을 숨기고 있는 것만 같았다.

다리 위는 청춘들의 갈림길처럼 보였다. 한쪽의 비즈니스타워로 가기에는 아직 어리고 그렇다고 다른 한쪽의 유흥가로 가기에는 어깨가 무거운, 현실을 살기에는 청춘이 너무 아깝고 이상을 살기에는 자신이 없는, 이러지도 저러지도 못하는 우리네 젊은 날이 이 다리 위의 청춘들과 닮아 있었다.

청춘은 다리 위에서 바라보는 아름다운 야경과도 같다. 청춘은 이쪽에서 저쪽으로 건너가기 위한 다리 위의 찰나일 뿐이다. 야경이 아름답더라도 다리 위에 살 수 없듯이 우리 모두는 어느 쪽으로든 가야만 한다. 비즈니스타워들이 즐비한 저쪽과 낙후한 술집이 수놓인 반대쪽을 곁눈질하며 멋진 공연을 펼치지만 공연은 언젠가 끝나고 조명은 꺼진다. 그 공허가 안겨주는 폭력의 강도는 청춘들을 만신창이로 만든다.

청춘은 갈림길에 놓인다. 그 '다리'라는 갈림길 위에서 우리는 만나고 헤어진다. 기억 속의 수많은 친구들이 그 다리 위에서 만난 것이고 그 다리 위에서 헤어진 것이다. 같은 길을 걷는다고 생각했지만 우리는 또 다리 위에 올라가 이별과 만남을 반복해야 할 것이다. 이별과 만남이 교체 되는 다리 위의 풍경 자체가 공연인 셈이다.

이별과 만남을 기반으로 성장하는 것이 삶이라지만 우리는 도무지 이별에 적응하지 못한다. 대체 왜일까? 만남과 이별을 아무리 반복하여도 이별은 아프다. 모든 만남은 언제나 새롭다. 모든 만남은 처음이니 지난 이별을 통해 만들어 둔 항체가 이번 이별에 맞을 리가 없다. 그래서 우리는 또 또 아프다.

한국으로 가는 비행기는 새벽 비행기였기 때문에 나는 바로 공항으로 갈 작정을 하고 늦은 시간까지 재민이와 이야기를 나누었다.

가본 적 없는 이쪽 땅과 역시 가본 적 없는 저쪽 땅을 이어주는 다리에 대해서, 저편 다른 세계로 가기 위해 건너야 할 다리 위 수많은 볼거리에 대해서, 그 볼거리에 마음을 빼앗겨 이편에도 혹은 저편에도 가지 못하고 다리 위에서 서성이는 우리 젊은 날에 대해서, 이 다리를 건너 소년에서 어른이 되는 것은 대체 얼마나 우리를 불안하게 하는가에 대해서, 다리 위의 방랑자라서 자유하다고 외치지만 실은 소년도 아닌 것이 어른도 아니라서 불투명하고 위태롭기 그지없는 이 시기에 대해서 말이다.

"난 포도주 따를 때는 꼭 최후의 만찬이 생각나더라. 이것은 내 피요~."

재민이가 잔을 들며 말했다. 그는 어설프게 보고 들은 성만찬을

흉내 내었다.

"모르긴 몰라도 예수님이 최후의 만찬에서 드셨던 포도주보다 이게 더 좋은 품질일 거야. 야, 근데 포도주가 왜 피냐? 선교사 친구한테 좀 들어 보자."

얼마 전부터 싱가포르에서 교회를 다니기 시작했다는 재민이는 최후의 만찬에 대해서 궁금한 것이 참 많았다. 나는 성만찬과 포도주에 대해서 종교개혁가 루터와 칼빈 그리고 츠빙글리의 서로 다른 입장을 설명해 주었다.

루터는 예수님의 몸과 피가 빵과 포도주에 실제로 함께 머물러 있다는 공재설을 주장하였고, 칼빈은 빵과 포도주에 성령으로서 함께 하신다는 성령임재설을 주장하였고, 츠빙글리는 빵과 포도주는 최후의 만찬에 사용한 대속의 상징일 뿐이라는 기념설을 주장하였다는 다소 지루한 이야기였다.

한참을 진지하게 듣던 재민이는 씨익 하고 웃으면서 그랬다.

"야, 그냥 나처럼 와인을 즐기셨던 건 아닐까?"

상상도 못했던 재민이의 반응 때문에 그야말로 빵 하고 웃음이 터져 버렸다. 그러고 보니 성경에서 와인을 즐기고 계시는 부분이 꽤 있다며 가나안 혼인잔치 이야기를 해주었다. 재민이는 특별히 요한복음 2장 10절을 마음에 들어했다.

요한복음 2장 10절. 말하되 사람마다 먼저 좋은 포도주를 내고 취한 후에 낮은 것을 내거늘 그대는 지금까지 좋은 포도주를 두었도다 하니라.

이 말씀은 가나안 혼인잔치에서 포도주가 바닥나자 예수님께서 새로운 포도주를 만들어 주시는데 그 포도주를 맛본 잔치의 연회장이 잔치를 준비한 사람에게 즐거움과 섭섭함을 동시에 드러내는 장면이다.

2,000년 전 유대라는 상황을 현대의 대한민국으로 바꿔보면 결혼식 사회자가 신랑에게 이렇게 말하고 있다고 볼 수 있다.

"아! 진짜 맛 좋다! 야, 너는 이렇게 좋은 포도주가 있으면서 사람들 다 취하고 나서야 이걸 주냐? 이런 건 1차에 줘야지! 섭섭하긴 한데 포도주가 맛있으니까 봐준다. 아, 2차에 마시기는 아쉬운데."

가만히 듣고 있던 재민이는 주님께서 2차까지는 하신 거라며 내게 2차를 권했다.

"그러니까 예수님이 1차도 아닌 2차에서 품질 좋은 포도주를 만들어 주셨다 이거지? 예수님 소믈리에(와인 관리사)셨구나! 야! 난 이해된다. 좋은 술은 2차까지 남은 진짜 친구들에게 주는 거라고! 아, 마셔보고 싶다. 그 포도주, 주님이 만드신 그 포도주는 대체 어떤 맛일까? 예수님과 2차라니! 난 꼭 2차까지 남을 거야. 선교사 친구 우리도 2차 가세!"

우리는 2차로 편의점 커피를 사 들고 다리를 내려와 강둑에 앉았다. 재민이는 한동안 말이 없더니 가정사를 떠들었다. 가슴 아픈 일이 많았던 성장기를 털어 놓으며 그랬다.

"선교사 양반, 그 가나안 혼인잔치 말이야. 예수님이 와인을 만들어 준 2차에서는 이렇게 상처에 대한 이야기가 오고갔을 거야. 보통

"

2차에서는 그렇잖아. 난 예수님이 왜 2차에서 맛 좋은 포도주를 만드셨는지 알 것 같아. 즐거울 때 먹는 포도주는 맛이 없어도 되지만 슬픈 이야기를 하는 데 먹는 포도주는 맛이 없으면 더 슬퍼지니까."

이어 나를 향한 예수님의 메시지를 대언하듯 인사해 주었다.

"선교사 친구, 꼭 좋은 소믈리에가 되어줘. 네가 말한 저 다리 위 가슴 아픈 청춘들은 예수님의 2차 포도주가 필요한 시점일 거야."

그렇다. 가나안 혼인잔치의 신학적 소견은 바로 2차 포도주의 필요다. 비워진 항아리에 물을 담는 것은 물로서 주신 세례이며 주께서 만드신 적포도주는 보혈로 이루신 세례를 의미한다.

재민의 말을 듣고 다리 위를 올려다보았다. 그리곤 다시 녀석의 눈을 똑바로 보며 꼭 그리 하겠다고 약속했다. 이제 시간이 되었기 때문에 인사를 나누고 택시에 올라 공항으로 향해야 했다.

공항으로 향하는 길, 이곳으로도 저곳으로도 가지 못하고 헤매는 영혼들이 서성이고 있는 다리 위에서 2차 포도주인 붉은 보혈을 설명하는 일이 바로 내가 해야 할 일이라고 생각했다.

공생애 첫 이적으로 기록되는 가나안 혼인잔치의 포도주는 앞서 말한 바와 같이 공생애의 완성인 십자가 보혈의 복선이다. 그 보혈을 수혈 받은 사람은 구원을 얻는다. 성경은 가나안 혼인잔치를 통해 예수께서 이루실 구속사의 물리적 색깔을 미리 보여주고 있다. 붉음, 그 붉은 보혈의 사랑이 가슴 아픈 영혼들에게 전해지도록 주님은 나를 다리 위 기로에 놓인 청춘들에게 보내셨다.

싱가포르의 창이 국제공항에 도착하여 잠시 노숙으로 눈을 붙이고 아침이 되어 승강장으로 가는 길에 면세점을 지나치다가 포도주 판매점과 마주 했다. 정말 전 세계 포도주들이 있다. 그러나 거기에 예수님의 포도주는 없었다. 그것은 내 속에 있다. 그 보혈은 복음이라는 형태로 내 안에 담겨 있는 것이다.

비행기가 이륙하고 안전벨트 사인이 꺼졌을 때 앞좌석부터 음료 서비스가 시작되었다. 나는 적포도주 한 잔을 맛보고는 잠시 눈을 감고 생각에 잠겼다.

가나안 혼인잔치, 먼지 날리는 중동의 한 마을에서 30대 초반으로 보이는 청년 하나가 내게 적포도주 한 잔을 내민다.

"종현아, 이거 맛 좀 봐라. 내가 만든 포도주야."

그 보혈을 맛본 나는 말한다.

"좀 더 주세요. 이 보혈을 들고 이제 다리 위로 가겠습니다."

가죽 부대에 포도주를 담으시는 예수의 모습이 머릿속에 그려지고 있었다. 나는 왠지 그 모습이 자신의 피를 짜내는 모습으로 느껴지기에 가슴이 미어졌다. 주께서 내게 주신 포도주는 공항 면세점에 없다. 그러나 주님의 포도주는 그 보혈은 모든 죄의 값을 면세한다.

"
"

"

아이고야,
부산 사람이가?

"
파나마
[Panama]

　일반적으로 미대륙은 북미와 중남미로 나눌 수 있다. 캐나다와 미국은 북미에 속하고 마야 문명과 잉카제국의 문화 기류가 흐르는 중미와 남미는 라틴아메리카 혹은 중남미라고 부른다. 중남미라고 불리는 라틴아메리카는 다시 중미와 남미로 나눌 수 있다. 이때 중미와 남미의 기점이 되는 나라가 파나마다.

　파나마는 여러 가지로 가교 역할을 하는 나라다. 중미와 남미의 가교 역할을 할 뿐만 아니라 대서양과 태평양의 가교 역할도 하기 때문이다.

　우리나라 교과서에 나오는 파나마 운하는 그 효용 가치가 특별하다. 만약 파나마 운하가 없다면 선박은 그 커다란 남미대륙을 빙 굴러가며 무역을 해야 한다.

우리나라 국토를 예로 들어서 설명해보자. 동해의 강릉항에서 배가 출발하여 인천항에 닿으려면 배는 강릉을 출발하여 시계 방향으로 포항과 부산을 거치고 다시 여수와 목포를 거친 후에야 인천항에 도착할 수 있다.

기나긴 여정일 것이다. 그렇게 다니는 배편 자체가 없어서 정확한 시간을 산출할 수는 없으나 지도를 살펴보면 대략 25시간으로 추정할 수 있다. 그런데 강릉 IC와 인천 IC를 동서로 이어주는 영동고속도로를 통해 트럭 위에 배를 싣고 질러가면 고작 4시간밖에 안 걸린다. 실제로 시간 단축을 위해 중미의 허리를 관통하는 선박전용 고속도로를 낸 것이 파나마 운하다.

이 운하를 관통하면 운항 거리를 자그마치 15,000km가량 줄일 수 있다. 서울에서 부산까지 40번 가는 거리를 단축한 것이다. 지도상으로 단순 비교를 해 보아도 약 120배의 거리가 단축이 된다.

파나마 운하를 통과하는 데 고작 10시간밖에 안 걸리지만 남미대륙을 굴러가려면 약 1,200시간이 걸린다. 남미 대륙 최남단에는 남극이 걸려 있기 때문에 단순한 1,200시간이 아니라 훨씬 더 고된 항로다. 한마디로 말해서, 파나마 운하의 사용은 천문학적인 이득이다. 파나마 운하의 연간 평균 이용 선박의 수는 15,000척이었는데 확장 공사를 마무리한 현재 이용 선박 수는 본래의 두 배로 산출하고 있다. 얼마 전 개통한 이 확장된 운하를 정확히 100번째로 이용한 선박이 한국 선박이라서 국내에 화제가 되기도 했었다.

가교의 나라 파나마로 입국하기 위해서 효천과 나는 미국 텍사스주의 댈러스를 경유했다. 장거리 여행이 익숙하지 않았던 효천은 15시간의 시차를 이기지 못하고 미국에 도착하자마자 감기몸살에 시달렸다. 안 그래도 멸치 같은 효천이가 아메리칸 덩치들 사이에서 어깨를 늘어뜨리고 있으니 먼지 같아 보였다.

효천은 아무도 찾지 않는 오래된 옷가지처럼 푸욱 쳐져서 댈러스를 경유하는 동안 꼬박 하루를 시체처럼 누워 있었다. 밤이면 밤이라서 자고 낮이면 한국이 밤이니까 잤다. 아직 시작도 안 했는데 이렇게 아파서야 한 달 동안의 중미 여행을 어떻게 할까 싶었던 나는 야심차게 댈러스 숙소의 커튼을 걷어 버리고 가방 속에서 이발기를 꺼내었다.

"효천아, 형이 기분 전환 시켜줄게. 욕실로 와 봐."

나는 정성들여 효천의 머리털을 밀어 주었지만 녀석은 마음에 들지 않았는지 더욱 기침을 콜록콜록 해 대었다. 내가 워낙 잘 아프지 않아서 어떻게 하면 쉽게 몸살이 떨어지는지 알 수 없었기 때문에 갈수록 상황만 안 좋게 만들어 버렸다. 머리에 쌓인 먼지를 털려고 머리를 흔들었더니 먼지가 가슴에 쌓인 격이었다.

댈러스에서는 공항 근처로 숙소를 잡느라고 어쩔 수 없이 좋은 숙소를 잡았지만 일단 파나마에 도착하면 저렴한 도미토리를 사용할 생각이었다. 그러나 효천을 위해 당장 며칠은 더 쾌적한 호텔에 머물러야겠다고 계획을 수정하고 파나마로 가는 비행기에 올랐다.

그는 이륙과 착륙도 알지 못하고 잠들어 있었고 나만 혼자서 이
륙할 때 '우와~~ 미국 야경이다' 도착할 때도 '우와~ 중미다, 중미'
하며 호들갑이었다. 근처에서 이 어울리지 않는 동양인 둘을 이상
하게 보았을 것이다. 하나는 미라처럼 마른 시체 모양으로 늘어져
있고, 하나는 덩치가 커다래서 창밖을 보며 신이 났으니 말이다.

파나마시티에 도착한 나는 숙소까지 버스를 타려다가 효천의 핏
기 없는 얼굴을 보니 더 이상 지체할 수가 없어서 택시를 탔다. 택
시 기사 이름은 '도밍고'였다. 우리나라로 치면 어딜 가나 만날 수
있는 김씨 정도 되겠다. 도밍고 아저씨는 좋은 호텔을 찾는다는 우
리를 어떤 허름한 게스트하우스 앞에 세워 주었다. 분명 좋은 호텔
이라고 말한 것 같은데 우리가 어지간히 없어 보였나 보다. 방을 확
인하니 감기몸살이 더 심해질 것 같은 분위기였다.

효천은 그냥 누워 자기를 바랐지만 나는 좀 더 편안한 곳에서 쉬
게 해주려는 마음에 방을 옮기자고 했다. 그런데 그게 또 무리였나
보다. 15kg에 육박하는 배낭을 메고 적절한 방을 찾느라 30분을 걸
었으니 효천의 상태는 더 안 좋아졌다.

30분을 헤매다가 쾌적한 숙소를 얻었다. 짐을 푼 후에 무척 배가
고팠던 나는 효천이도 뭔가 먹어야 회복할 것이라고 생각해서 씹
다 뱉은 껌처럼 침대에 눌러 붙은 효천을 다시 일으켜서 저녁식사
를 하러 나갔다. 뭐라도 먹어야 기운을 차릴 수 있을 것이라고 생
각했다.

"
"

내 진심은 그가 어서 회복하기를 바라는 마음이었지만 그 일로 효천은 한 단계 더 안 좋아졌다. 먹을 만한 것을 먹었어야 했는데 또 모험심이 발동해서 한국에서는 듣지도 보지도 못한 비주얼의 식사를 한 것이다.

간판에는 'piopio'라고 적혀 있었고 어우러진 그림들로 봐서는 '닭고기 요리'라는 뜻으로 읽혔다. 우리나라에서 쓰는 닭 울음소리인 '꼬끼오'와도 비슷해서 쉽게 알 수 있었다. 그런데 piopio는 꿩장히 충격적인 맛이었다. 닭고기 요리에서 어떻게 순댓국 냄새가 날 수 있는지 난제였다. 다른 테이블을 둘러보니 사람들은 식탁에 올려놓은 어떤 소스 같은 것을 뿌려서 먹고 있었다. 또 모험심이 발동한 나는 내 앞에 놓인 소스를 가져다가 툭 하고 뿌렸다.

"여행이 뭐 이런 거지 뭐, 허허허."

효천이 밥에도 툭툭 뿌려 버렸다. 한 번 맛을 보고는 돌이킬 수 없는 실수였다는 것을 알게 되었다. 소스를 뿌리니 순댓국 맛이 나는 닭에 상한 돈까스 소스를 친 후, 식초를 넣어 끓인 포카리스웨트를 곁들인 맛이 되었다. 지구에 존재할 수 없는 맛이었다.

세계를 여행하며 많은 요리를 먹어 보았지만 이런 과격한 맛은 처음이었다. 나는 식당을 나오면서 이게 바로 여행이라고 거드름을 피웠지만 효천은 이 piopio로 인해 결과적으로 완전히 상태는 넉다운이 되어 거의 돌이킬 수 없는 지경이 되고 말았다. 고열이 시작된 효천은 숙소로 돌아오자마자 아랫입술을 파르르 떨며 이불 속으로 파고들었다.

나는 동행의 상태를 그렇게 엉망으로 만들어 놓고 쿨쿨 너무 잘 잤다. 이 여행에서는 왠지 시차적응도 빠르고 굉장히 유연했다. 아침에 일어나니 힘이 펄펄 났다. 전날 말도 안 되는 이상한 음식을 먹은 것이 모험심 가득한 나의 여행혼을 불끈 일으킨 것 같았다.

팔굽혀펴기 100개를 해치워 버리고 냉수마찰을 한 후에야 효천이가 아프다는 것을 기억해 내었다. 효천은 처음부터 거기에 있던 것처럼 침대와 하나가 되어 일어나지 못했다. 반듯하게 이불을 덮고 누운 그의 기별 없는 얼굴은 마치 예비군 훈련에서 보게 되는 인공호흡 연습용 마네킹과 같았다.

죄책감도 들고 해서 약을 챙겨 주려고 상비약 통을 열어보니 텅 비어있었다. 미국에서부터 줄기차게 먹었으니 3일 만에 동이 난 것이다. 이때다 싶어서 약을 사다가 형다운 노릇 좀 하려고 조용히 호텔을 빠져나왔다.

어제 도착했을 때는 밤이라 몰랐는데 우리가 꽤 번화한 부촌에 짐을 풀어 놓았다는 사실을 알았다. 처음 만난 중미 햇빛의 느낌은 활기찬데 그렇다고 분주하지는 않은 느낌이었다. 풍성하지만 낭비되지 않는 그런 기분 좋은 빛이었다.

그 적절한 빛을 맞이하자니 몸에 딱 맞는 옷을 입었을 때의 안도감이 찾아들었다. 중남미에 걸치는 마야와 아스텍 문명이 왜 그토록 태양을 신성시 했는지 이해가 되기도 했다.

효천도 어서 기운을 차리고 중남미의 풍성한 태양의 맛을 좀 봐야 할 텐데 싶어서 스페인어 숫자도 모르던 나는 약국을 찾아다니

성도란 복음을 가슴에 지닌 움직이는 교회로서
하늘과의 가교를 감당하는 사람들이다.

며 한바탕 아픈 사람 연기를 하고 나서야 약을 구했다. 나는 역시 멋진 형이라는 생각을 하면서 약 봉지를 초등학생처럼 빙글빙글 돌리며 호텔로 돌아가는 길이었다.

한글로 적힌 간판이 있기에 반가워서 멈춰보니 한식당이었다. 외국에서 한식당을 보면 언제나 기쁜 마음이 든다. 가까운 일본만 해도 그런데 하물며 14시간 시차의 지구 반대편에서 한식당을 보게 되니 더없이 기쁘기도 했고, 어릴 때부터 들어오던 얘기가 생각나서 무릎을 탁 쳤다.

'감기에는 된장찌개가 제격이야.'

그 길로 뛰어들어가 효천이를 일으켰다.

"효천아, 된장찌개 먹으러 가자. 그게 감기에 좋다. 자, 그리고 약 사 왔다. 찌개 먹고 약 먹으면 딱이야."

식당에 앉아서도 오스트랄로피테쿠스처럼 꾸부정하게 허리가 굽어 있던 효천은 된장찌개를 먹으면 먹을수록 직립보행이 가능한 인간으로 진화해 가는듯 허리를 곧추 세웠다.

효천은 그 자리에서 밥 한 공기를 뚝딱 해치우더니 '밥 한 공기 더 주이소'라고 했다. 그러자 주방에서 갑자기 사장 아주머니가 나오는 것이 아닌가.

"아이고야, 부산 사람이가?"

효천은 처음 보는 아주머니와 눈을 마주치고는 밥을 씹다 말고 고개를 끄덕이더니 눈물까지 그렁그렁해졌다. 그러고 보면 학연 지연이 언제 어느 때나 나쁜 것은 아니다.

"
"

중남미에서 만난 그 부산 아주머니는 서비스라며 콜라까지 주었다. 잠시였지만 그 정을 느끼자니 한국인 것만 같았다. 음식점 사장 아주머니에게 들으니 외국 생활 중에 자신의 가게에서 고향 음식을 먹고 기운을 차리는 한인들이 많았다고 한다.

처음 듣는 이야기는 아니었다. 세계 어디든 한인이 운영하는 한식집에서 흔히 들을 수 있는 일화들이다. 언제나 별 감흥 없이 들어 왔던 얘기지만 아픈 동생이 앉아서 기운을 차리는 모습을 보니 고향 음식을 먹고 기운을 차린다는 말이 감동적으로 다가왔다.

기운을 차린 우리는 근처의 해안가를 걸었다. 역시 가교 역할을 하는 부자 동네답게 높게 오른 빌딩들도 많았고 바다에는 요트들이 수없이 떠 있었다. 부산 사나이 효천이는 이 높다란 빌딩들이 있는 항구의 풍경이 흡사 부산의 부자 동네 해운대 같다고 했다. 여행은 이렇듯 익숙했던 것을 소중하게 기억하게 하는 힘이 있다.

한참 걷다가 이색적인 풍경을 발견했다. 고동이나 번데기를 팔 듯 작은 마차를 꾸며서 커피를 파는 노점이었다. 큰 기대 없이 커피 포장마차가 신기해서 한 잔씩 주문했다. 싸구려 일회용 종이컵에 커피를 따라 주기에 뭐 그냥 집에서 커피를 내려서 파나 보다 했다.

무심코 커피를 마셨다가 정말 깜짝 놀랐다. 이렇게 깊은 맛을 내는 커피는 처음이었다. 길바닥에서 500원 하는 커피가 이런 맛을 내다니. 그제야 나는 진정 커피의 대륙 중미에 와 있다는 확신이 들었다.

된장찌개 한 그릇 먹고 나서 종이컵에 커피 한 잔을 들고 태평양을 바라보자니 효천이는 고향 생각이 난다고 했다. 부산에서 보던 바다도 태평양이기 때문이랬다.

"아~ 고향 아지매가 해주는 고향 음식 묵고 고향에서 보던 바다 보니까 싹 나아뿟네."

효천이의 그 말을 듣고서 생각나는 말씀이 하나 있어 태평양에 대고 읊어 보았다.

예수께서 대답하여 이르시되 기록되었으되 사람이 떡으로만 살 것이 아니요 하나님의 입으로부터 나오는 모든 말씀으로 살 것 이라 하였느니라 하시니 _마태복음 4장 4절

파나마에서 효천이가 된장찌개를 먹고 회복하는 모습을 보면서 나는 이 말씀을 새롭게 느끼게 되었다. 그동안 이 말씀을 묵상할 때 면 단지 육체의 정욕이 아닌 주님의 은혜 안에서 살라는 말씀으로 이해했다. 그러나 파나마에서 새롭게 묵상한 이 말씀은 잘 차려진 한식처럼 정갈하게 다가왔다.

우리의 영이 지치고 힘들 때는 영의 본향인 하늘의 말씀을 먹으 라는 의미로 새롭게 다가왔던 것이다. 주님의 말씀은 본향의 음식 이다. 몸의 기운을 세울 때는 나고 자란 곳의 음식을 먹듯 우리의 영 이 곤고할 때는 자작하게 끓여진 하늘의 말씀을 먹어야 할 것이다.

이 세상에 산다 하여 세상의 떡으로만 살아가려 하지 말고 내 영

의 본향, 하늘의 말씀을 먹어야 한다는 감동이었다.

사람들은 쓰러진 자신을 세상의 힘으로 다시 세우려고 하지만 하늘에서 오는 본향의 말씀만이 우리가 안식을 누릴 수 있도록 안내한다.

말씀의 공급이 이루어지는 예배는 마치 파나마 운하 같다. 파나마 운하가 대서양과 태평양을 이어주듯 예배는 하늘 본향과 땅을 이어준다. 예배는 마치 하늘 본향의 잘 차려진 밥상을 땅으로 운반하는 운하 같은 것이다. 해외여행 중에 만나는 한식집처럼 이 세상에서 만나는 교회는 성도들에게 본향의 안식을 선사한다.

효천과 나는 힘을 연합하여 쓰러진 사람들에게 하늘 본향 음식을 배달하고자 최근에 교회를 개척하였다. 우리 교회는 효천이가 사역하는 미혼모들과 내가 사역하는 소년원 퇴원생들이 모이는 예배 공동체다. 성도들은 파나마에서의 효천이처럼 기별 없이 쓰러진 영혼들이었으나 하늘 본향의 음식을 먹고 하나둘씩 으스러진 마음을 다시 단단히 하고 있다.

성도란 복음을 가슴에 지닌 움직이는 교회로서 하늘과의 가교를 감당하는 사람들이다. 세상이 성도를 통하여 본향의 양식을 먹게 된다는 것이다. 성도란 주일에 교회 가는 사람으로 정의되곤 하지만 성도란 하늘과 땅을 가교하는 왕 같은 제사장이다.

Like a mannequin.

멕시코
[Mexico]

　멕시코시티를 기대했던 이유는 무엇보다도 프리다 칼로 때문이었다. 학부에서 사진을 전공하면서 처음 접하게 된 프리다 칼로는 사진가가 아닌 화가지만 그림과 사진은 뗄래야 뗄 수 없는 부분이 많은 터라 자주 접하게 되었다.

　학교 때도 그녀의 그림을 좋아했지만, 대학을 졸업하고 정신병원 투병 생활을 지나 내 전시회를 준비할 무렵 프리다 칼로의 그림들은 내게 큰 의미가 되어주었다.

　프리다 칼로는 멕시코 화폐에도 그려질 정도로 존경받는 인물이다. 그녀의 이름과 함께 늘 회자되는 것이 바로 멕시코 최고의 화가

이자 공산주의 운동가 디에고 리베라인데 그는 프리다 칼로의 남편이다. 21살 연상의 디에고 리베라는 프리다 칼로에게 남편이자 스승이자 혁명의 동지였다.

프리다는 6살 때 소아마비로 한쪽 다리 기능을 잃고 18세 때에는 쇠파이프가 척추를 관통하는 교통사고를 당한다. 그래서 그녀는 죽을 때까지 30차례가 넘는 대수술을 경험해야 했다. 그러나 그녀의 고통은 육체만이 아니었다. 디에고 리베라에게는 이미 두 차례 결혼을 통한 4명의 자녀가 있었다.

바람기 가득했던 리베라는 칼로와 결혼한 후에도 잦은 외도를 하였다. 심지어 칼로의 동생과도 외도하였다. 그뿐만 아니라 칼로는 3번의 유산을 겪었고 괴저병으로 결국 다리 하나를 절단하기까지 했다.

그녀의 고통은 그림 속에 고스란히 담겨 그녀가 사망한 지 반세기가 훌쩍 지난 지금도 가감 없이 관객들을 만난다. 살아있을 당시나 지금이나 사람들은 애써 칼로와 리베라의 그림을 비교하며 우열을 가린다. 대부분은 칼로에게 손을 들어 준다. 그림이 좋기도 하거니와 리베라에게 괘씸죄가 더해져서 그런 것이 아닐까?

칼로는 관객들의 표를 기뻐할 것이다. 자신의 그림이 더 좋다고 평가해 주어서가 아니라 관객들이 리베라를 사랑하지 않아서일 것이다. 오직 자신만이 리베라를 사랑할 수 있기를 바랐던 그녀였다. 칼로의 마지막 모습을 지켜 준 것은 리베라였다고 한다.

그 길고 긴 아픔을 지나 리베라를 차지하고 세상을 떠났다는 점에서 칼로는 사랑을 이룬 한 인간으로서 위대하다. 그 위대한 여정은 그녀의 작품세계에 고스란히 담겨 있다. 나는 그런 솔직한 붓을 지닌 칼로를 사랑했고 닮고 싶었다.

멕시코시티를 방문하면서부터 프리다 칼로를 만날 수 있다는 생각에 무척 들떠 있었다. 물론 칼로의 작품은 한국에서 전시가 있을 때마다 찾아가서 보기도 했지만 멕시코시티 근교에는 칼로가 일생을 살았던 집이 프리다 칼로 박물관으로 개관되어 있었기 때문에 뛸 듯이 기뻤다.

나는 지금까지 두 번의 사진 개인전을 가졌는데 내 작품에는 칼로와 같은 고발성이 존재한다. 그 고발성은 내 안의 진짜 나를 관객 앞에 있는 그대로 고발하려는 것이다.

고발은 감추어진 혹은 감추고 싶었던 것들에 대해서 뚜렷하게 밝히는 행위이다. 나는 분명 칼로의 고발성에 영향을 받은 작품 활동을 했다. 나의 작품은 내가 가진 '강박증'에 대한 고발이었다.

나의 강박적 요동은 마트 선반 위에 가지런히 색깔별로 놓인 물건들을 볼 때면 안정되었다. 작품을 하기 이전의 나는 애써 그러한 나를 감추려고 노력하곤 했다. 나를 내가 보아도 요상했기 때문이었다. 머릿속으로 연유 없이 어떤 숫자를 정하고 그 숫자에 도달하기까지 멍하게 숫자를 세야 하는 강박적 요동은 내 것이라고 쉽게 인정하기가 어려웠다.

당시의 대한민국 사회는 남과 다른 것을 창의력이라고 하지 않고

그곳의 예수는 디에고 리베라의 벽화처럼
관광 상품으로 박제되어 있었다.

부적응자라고 했기 때문에 그런 기류 속에서 청소년기를 보냈던 나는 나의 특별함을 부정하고 싶었다.

옆머리를 단정하게 밀어 올린 동그란 남성의 두상, 깨끗하고 아름답게 굴곡져서 광채를 내는 수도꼭지, 한없이 같은 모양으로 나열된 젓가락 세트, 움켜잡은 빼빼로 뭉치, 우연히 삼류 다방에 갔다가 보게 된 끝도 없이 이어지는 패턴의 벽지, 가지런하게 부탁한 화장실 타일, 이런 것들이 나의 시선과 마음을 안정적으로 만들어 주는 이미지였다. 내용을 알 수 없는 외국어로 빼곡하게 글씨가 적힌 책을 볼 때도 마음이 놓였다. 가지런하게 행과 열을 지키며 놓인 글씨들의 모습이 아름답게 느껴졌다.

나는 사진 작품활동을 통해서 이것이 나라는 사실을 고발하고 그때부터 편안하게 받아들였던 것 같다. 나의 개인전 작품들은 대개 어떤 이미지를 촬영한 후에 데칼코마니를 하는 방식으로 안정적 대칭구조를 만들어 내는 것이었다. 이것은 단순히 데칼코마니가 아니라 '불안'해 보이는 선을 '안정'되게 재배치하여 안심하는 행위였다.

다시 말해서 이것은 내 안에 있는 억압에 대한 스트레스를 단순 해갈하기 위한 목적으로 욕설을 퍼붓듯 셔터를 갈기며 만들어진 작품이 아니라 억압이라는 현상 자체에 대해서 벗어나고자 하는 견고한 항거의 행위였다는 뜻이다.

나는 그 항거를 프리다 칼로에게서 배웠다고 생각한다. 이런 이유로 작가로서의 나는 억압과 해방을 주제로 한 작품세계를 존경한다. 사진가 세실 비튼을 필두로 페미니즘 작가들의 작품을 존경하는 것도 바로 이 점에서다.

남성주류사회가 선을 그어 둔 여성으로서의 한계에 항거하고자 자신의 자화상을 남성의 이미지로 그려내는 세실 비튼의 필름이나 프리다의 슬픈 붓질은 단순히 스트레스 해갈이 아니다. 그것은 자신이 처한 현실에 대한 강한 부적응이자 행동이다. 다시 말해서 그들의 작업은 억압이 자신을 얼마나 부자연스럽게 만들고 있는지에 대한 고발이다.

사진학과 시절 프리다의 그림을 보면서 한 인간의 부적응이 그림이 되어 갤러리에 걸리는 순간, 그 부적응이 작품으로 분류된다는 사실에 언제나 놀라워했다.

프리다 덕에 나의 부적응 기제들이 훗날 갤러리에서 작품으로 걸릴 수 있다고 기대하며 사진학부를 지냈다. 때문에 내게 칼로의 나라 멕시코는 언제나 염원의 나라였고 그녀의 도시 멕시코시티는 염원의 도시였다. 그런 멕시코시티에 내가 있는 것이다.

나는 먼저 숙소와 가까웠던 디에고 리베라 벽화 박물관을 찾아갔다. 맛있는 반찬은 아껴 먹는 것처럼 디에고 리베라 박물관을 먼저 본 후에 프리다 칼로 박물관에 갈 생각이었다.

알라메다 공원 한편에 설치된 디에고 리베라 박물관은 리베라의 걸작 '알라메다 공원의 어느 일요일 오후의 꿈(Sueño de una tarde dominical en la Alameda Central, 1947)' 단 한 점을 보관할 목적으로 만들어졌다고 한다.

이 커다란 벽화는 가로 15m, 세로 4m의 벽화다. 1947년에 제작되어 호텔 프라도의 베르사유 식당에 걸려 있다가 1985년 대지진 때 호텔이 무너지면서 상한 그림을 복원하여 이렇게 박물관에 보관되었다.

책으로는 수백 번도 더 보았던 이 그림을 실제로 보게 되니 감회가 남달랐다. 더욱이 단일 작품 하나를 위해 이렇게 보관용 박물관이 존재한다는 사실도 이색적이었다. 벽화에는 리베라 특유의 풍자와 해학 속에서 사회운동을 실천해 나가던 리베라의 역동성이 고스란히 담겨 있었다.

이 역동적인 그림의 위치가 박물관이라는 점은 유감이었다. 본래이 그림은 멕시코 지식층이 출입하는 식당 안에 걸려 있었다. 식당에서 식사를 하던 사람들은 현대인들이 정치풍자 코미디프로그램을 보듯이 이 그림을 보며 웃기도 하고 무릎을 탁 치기도 하고 반성하기도 하면서 이야기를 나누었을 것이다. 그림 안에는 수많은 정치풍자 메시지가 숨어 있기 때문이다.

예를 들어서 그림의 중심부에 서있는 유럽풍의 드레스를 입은 해골은 멕시코 고유의 것을 등지고 유럽의 것이라면 미친 듯이 사랑하는 당시의 사회상을 비판한 것이다. 전체적으로 좌측에는 멕시코 원주민들을 학살하고 착취한 스페인 지도층을 그려 넣었고 우측에는 맞서서 투쟁하는 멕시코인들을 그려 넣었다.

이 그림을 보며 대화를 나누었을 멕시코 지식인들의 가슴에 타오르는 불은 어떤 것이었을까? 열띤 토론이 벌어지기도 했을 것이다. 고상하게 진정하려던 모습은 온데간데 없고 누군가는 침까지 튀어 가며 흥분했을지도 모른다. 누군가는 리베라의 그림을 가리키면서 이렇게 말했을 것이다.

"이보게들! 유럽 것이라면 무조건 따르는 머저리가 되어서는 안 된단 말일세! 그들이 바로 우리 동지들을 학살했다는 것을 잊어서 는 안 될 것이야! 자네들은 어디에 서겠나? 저 스페인 드레스를 입 은 해골이 되느니 난 죽기를 각오하겠네!"

우두커니 서서 박물관에 전시된 리베라의 벽화를 보는 동안 내게 는 아쉬움이 스미었다. 이 그림이 주었던 그 운동적 역동성은 미학 이라는 테두리 안에 갇힌 상태로 박물관에 박제되어 있었다. 대중 적이고도 기동성 있는 롯데리아 햄버거를 나이프로 썰어 먹으며 숭 고한 척하는 기분이었다. 리베라가 신나게 활개치며 '설치'라고 창 조한 이 그림은 박물관이라는 우리 안에 갇혀 그 야성을 금방이라 도 잃어버릴 것만 같았다.

박물관을 빠져나와서 점심으로 타코를 먹으러 근처 식당에 들렀 다. 주문하는 곳에 타코가 플라스틱 모형으로 놓여 있었는데 방금 보고 나온 리베라의 그림이 꼭 이 모형처럼 진짜가 아닌 것 같다는 생각이 들었다.

물론 그 그림은 진품이었지만 박물관 안에 보관되어 있는 모습은 마치 동물원에 갇힌 야생 곰을 연상케 했다. 야생의 곰을 잡아다가 동물원에 가두어 두면 결국 야생의 삶을 기억하지 못하는 무늬만

곰이 되어버리듯 박물관에 설치된 운동 벽화라니 모조품을 보는 것처럼 어색하고 이질적인 기분을 떨칠 수가 없었다.

점심을 먹으며 깊이 고민한 끝에 프리다 칼로 박물관에는 가지 않기로 하였다. 내게 영향을 준 오랜 친구를 만나러 간다고 생각했는데 막상 가보니까 내 친구가 피부 가죽이 벗겨져 박제 인형으로 박물관에 박제되어 있는 것을 보게 될까봐 겁이 났다.

칼로의 생가를 개조한 프리다 칼로 박물관에 가면 프리다 칼로를 실제로 만난 것처럼 기쁠 것이라는 기대로 멕시코시티에 도착했지만, 칼로는 내 기억 속의 칼로 그대로 남겨 두기로 했다. 칼로가 그저 역사 속의 그림 잘 그리는 화가 선생이라면 몰라도 칼로는 내 오랜 친구이기에 그를 기억 속에 그대로 두기로 한 것이다.

멕시코시티에서의 마지막 날이었다. 나는 숙소에서 5분 거리에 있는 소칼로 광장 내의 대성당에 가게 되었다. 이 멕시코 대성당은 16세기에 짓기 시작하여 300년 후인 19세기에 완성한 것을 자랑 삼는 중남미 최대 규모 성당이다.

청아한 종소리에 이끌려 손에 들고 있던 타코를 우겨 넣고서 생각 없이 흐느적흐느적 걸어 들어갔다가 온몸이 경직되는 큰 충격을 받았다. 그곳에서 본 것은 마치 삼복더위 폭염 경보가 발효된 명동 한복판에서 오리털 파카를 입고 서 있거나, 최악의 한파 속에서 비키니를 입고 있는 것처럼 전혀 앞뒤가 없는 광경이었다. 수십 개의 예수 마네킹들이 호러 영화의 한 장면처럼 반쯤 감긴 눈을 하고 창살에 갇혀 있었다. 성당이 아니라 예수 수용소라고 하는 게 맞겠다.

내 옆에서 창살 속에 갇힌 예수를 보던 백인 아주머니가 나지막이 속마음을 토했다.

"Like a mannequin."

나는 그 말에 대꾸라도 하듯 속마음을 토했다.

"No. This is real mannequin."

그것은 마네킹 같은 예수가 아니라 그냥 마네킹이었다. 마네킹을 모셔 놓고 관광객들이 손댈 것을 우려하여 아예 창살을 치고 자물쇠를 걸어 두었다.

그곳의 예수는 디에고 리바라의 벽화처럼 관광 상품으로 박제되어 있었다. 창살 안의 마네킹 예수는 구원을 줄 수 없는데도 사람들은 그 마네킹 앞에서 손을 모아 간절히 기도를 해 대었다.

아, 어떻게 해서 그 어색하기 짝이 없는 마네킹이 예수가 되며 그 흐릿하고 유치한 붉은 물감이 보혈이 될 수 있단 말인가? 그것은 살아 계신 하나님의 거룩한 역동성에 대한 인간의 게으르고 천박한 대꾸였다. 내 깊은 곳에서 치밀어 오르는 것이 분노라는 것을 눈치챘을 때 왜 나의 개신교 영웅들이 15세기 중세교회 안의 석상을 깡패처럼 파괴하였는지 이해되었다. 예수 석상을 깨어 부수는 종교개혁가들의 망치 소리는 예수 석상을 깨는 소리가 아니라 성도의 영을 깨우는 소리였으리라.

바야흐로 21세기가 되었지만 우리는 여전히 깨어 기억해야 한다. 우리의 복음은 죽은 것으로 박제 될 수 없다. 구속사의 십자가 사건은 1세기 팔레스타인 지방에서 일어난 사건이 아니라 지금 이 시간에도 실제로 벌어지는 사건임을 기억해야 한다. 복음은 여인의 목에 걸려 액세서리로 소비되는 풍류가 아니라 성도의 삶 속에 깃들어 그 삶을 통째로 변화시키고 목을 내어놓게 만드는 역동성이다.

그러나 어떤 이의 복음은 예전에 죽은 것을 관상 목적으로 만들어 둔 박제처럼 말이 없다. 그런 이들의 복음은 전해질 리 없고 전할 수 없는 복음은 복음일 리 없다. 한 성도의 삶 속에 복음의 역동성이 없다면 그가 성도일 리 없다.

복음을 살고 있지 않다면 교회에 걸어둔 우리의 십자가와 소칼로 대성당의 마네킹 예수가 어떻게 다르다고 설명할 수 있을까?

이 책 『로드 온더 로드』 제 1권을 마무리하며 독자들에게 두 가지 질문을 하고 싶다.

"예수를 믿습니까?"

"그 예수를 전하고 사십니까?"

두 질문에 대한 여러분의 대답은 같아야 한다. 이 두 가지는 완전하게 일치하는 질문이기 때문이다. 예수를 믿느냐는 질문에 '네'라고 답하면서도 전하고 사느냐는 질문에는 '아니요'라는 대답한다면, 그것은 마치 삼복더위 폭염 경보가 발효된 명동 한복판에서 오리털 파카를 입고 서 있거나 최악의 한파 속에서 비키니를 입고 있는 것처럼 전혀 앞뒤가 맞지 않는 것이다.

예수를 믿는다는 것은 곧 예수를 전한다는 뜻이다. 예수그리스도

"
"

의 복음이 없는 곳마다 선교지요, 예수그리스도의 복음을 품은 자마다 선교사다.

이 책을 덮기 전에 이제 상상하시기를, 당신이 소개하는 복음을 맛보고 예수 그리스도를 알게 될 한 영혼을 말이다. 복음은 그의 모든 것을 변화시킬 것이다.

우리가 박제하여 창살 안에 걸어 옛것으로 치부하던 복음은 과거의 것이자 오늘의 것이며 내일의 것이다. 복음은 2,000년 전에만 있었던 '한시적' 사건이 아니라 현재 일어나고 있는 '현시적' 사건이기 때문이다.

2018년 10월 나의 본국 대한민국에서, 서종현

Special
thanks
to Seo Seungbin